Mein Leben mit Ruby
Von Herrchen

Ullstein

Ullstein Buchverlage GmbH & Co. KG, Berlin
Taschenbuchnummer: 42001

Originalausgabe
April 1999

Abbildungsnachweis:
Bild/Maurizio Gambarini S. 6
Sybill Schneider, Hamburg S. 21, 28, 38, 42, 54, 63, 74, 95
Bild/Andreas Blumenthal S. 1, 49, 70, 84, 104, 106, 122, 128
Andreas Schneider S. 79
Norbert Körzdörfer S. 110

Umschlagentwurf: ropelius design, Hamburg
Umschlagfoto: Andreas Blumenthal

Satz: LVD GmbH, Berlin
Druck und Weiterverarbeitung: Clausen & Bosse, Leck
Printed in Germany 1999
ISBN 3 548 42001 X

Gedruckt auf alterungsbeständigem Papier
mit chlorfrei gebleichtem Zellstoff

Das Buch

Ruby ist Deutschlands berühmtester Hund. Seit 5 Jahren ist der Jack-Russell-Mischling der kleine Star der von Millionen gelesenen BILD-Kolumne „Mein Hund & ich". Sie erscheint an jedem „Knochenende". Diese Mini-Essays sind Liebeserklärungen an den ältesten Freund des Menschen. Tausende von Ruby-Fans warten auf dieses Buch. Zum ersten Mal sind hier die besten Ruby-Klassiker gesammelt. Zum ersten Mal zeigen Farbfotos, wie Ruby wirklich lebt. Das Buch ist ein Dankeschön an die Treue der Leser. Es ist ein Geschenk für die Millionen Menschen, die Hunde lieben – das einzige Wesen, das Menschen mehr liebt als sich selbst.

Der Autor

„Herrchen" ist das Pseudonym von Norbert Körzdörfer, Chefredakteur der BILDWOCHE, Mitglied der BILD-Chefredaktion, Kolumnist der WELT am SONNTAG und Autor. Seine „Ruby"-Kolumnen erscheinen seit 5 Jahren in BILD, Europas größter Tageszeitung – 11 Millionen Leser.

Für Frauchen,
das einzige Lebewesen,
das wir noch mehr lieben
als uns selbst

Der Tag Null

Oder: Als mich der Blitz der Liebe traf

Der Himmel explodierte. Die kühle Luft war süß vom Champagner.
Es ist Silvester, Quickborn, eine Landvilla mit See, Mitternacht.

★ ★ ★

Als ich Ruby zum ersten Mal sah, war ich beschwipst.
Und mein Herz war sentimental, und ich küßte Frauchen. Meine verliebten Augenlider hoben sich nur, um das eisige Champagnerglas an die warmen Lippen zu setzen. Da zuckte ein Blitz in mein Herz.
Aus einer Ecke guckten zwei Witta-Pohl-Augen mit Batman-Ohren hoch. Der Vampir-Kopf war verdreht. Kleine Zähne grinsten.

Dieses Wesen sollte mein Leben verändern.

Es war ein schwarzes Knäuel, das zitterte. Es war zwei Menschenfäuste

groß. Die Beine staksten wie vier schwarze Montblanc-Füller. Am Popo ringelte sich ein Spanferkel-Schwanz.
Aus 100-Watt-Boxen vibrierte Donner-Disco: *„I want to see more happy people ...“*

Ich sah nur das leidende Zitter-Knäuel, das keine Hände hatte, um sich die Ohren zuzuhalten.
Ein armer Hund unter dreißig glücklichen Menschen.

★★★

Na ja. Da waren noch zehn andere Hunde. Und ein Hängebauchschwein. Und ein Esel. Und unten am See Rehe und Hirsche.
Aber das „Knäuel“ war das kleinste Wesen in dieser wunderschönen Welt.
Ein Baby, das staunend wie Bambi zu hüpfenden Zweibeinern hochguckte und die Welt entdeckte.
Das Knäuel tippelte auf dem glatten Parkett durch das Labyrinth der zuckenden Beine.
Keiner kümmerte sich um das Knäuel.
Nur der weiße Labrador „Berta“ stupste es mit der roten Nase zärtlich Richtung Küche, das Paradies, wo alle Näpfe standen.

★★★

Es war vier Uhr früh. Die Männer tranken. Die Frauen brutzelten Fondue in der kacheligen Küche. Einige schliefen oder liebten sich – wie Rubys Besitzer, ein junges deutsch-britisches Paar mit süßer Tochter.

Aber sie hatten Ruby vergessen.
Ruby war ein Baby – ein drei Wochen alter Jack-Russel-Mischling. Ein Mädchen.
Grausame Menschen hatten Ruby und ihre zwei Schwestern in einem Korb an einer Straße ausgesetzt. Gute Menschen hatten sie gefunden und zum Tierheim gebracht: der Endstation aller Waisen – aber auch eine große Wiege für weiche Herzen.
Ruby war raus.
Ruby war bei guten Menschen.
Aber Ruby war allein – und traurig.
Weil sie ihre milchigen Welpen-Zähnchen zwickend in alles bohrte, was lebte, hatte die Tochter von Rubys Besitzern Angst – vor Ruby. Sie weinte oft. Deshalb dachten die Besitzer daran, Ruby wieder zurückzugeben – zurück ...

★★★

Es war fünf Uhr, und alle waren happy und tranken.
Ein neues Jahr dämmerte. Alles fing neu an. Alles war unschuldig. Alles

war unbekümmert. Alle faßten neue Vorsätze ...
Alle ...?
Mein Frauchen hatte Ruby von den Fliesen aufgehoben. Ruby saß in der warmen Nische der Holzeckbank und hatte ihre daumengroße Nase in den Schoß von Frauchen gelegt ...
Es war Liebe auf den ersten Stups.
Der liebe Gott würfelt nicht.
An diesem 1.-Januar-Morgen fiel dann der Satz, der unser Leben verändern sollte.
Frauchen sagte zu Annie, unserer tiervernarrten Gastgeberin: „Oooooh ... ich möchte Ruby so gern mit nach Hause nehmen ..."

★★★

Ich wußte noch von nichts. Ich wollte nur drei Dinge im Leben:
1. eine blonde Frau,
2. einen blonden „Golden Retriever",
3. ein Haus am Meer.

Beim Champagner-Frühstück nahm mich meine Frau (langes, seidigbraunes Haar) in den Arm und guckte mir mit ihren bambibraunen in meine wolfsgrauen Augen. „Schnuffel ...! Du wolltest doch immer einen Hund. Können wir nicht Ruby mit nach Hause (Mietwohnung, 3. Stock, kein Aufzug) nehmen ...?"
Weil ich ein weiches Herz habe und nicht wußte, daß ein Welpe pro Tag neunhundertmal Gassi muß, sagte ich mit mildem Restalkohol im Blut: „Jaaa, warum nicht?" In solchen winzigen Augenblicken werden Dynastien gezeugt, Kriege verloren – oder gutmütige Männer in 15jährige Sklaverei geschickt.
Wie ich.
Plötzlich verbiß sich etwas in meinem großen Zeh.
Es war das schwarze Knäuel.
Frauchen küßte mich.
Ruby biß mich.
Ich schenkte mir ein großes kaltes Bier ein, streichelte meinen Sklaventreiber und überlegte, wie ich die 15 Jahre mit Ruby überlebe.
Es sollte der schönste Klotz am Bein werden, den es je gab.

Was auf Sie zukommt, wenn Sie auf einen Hund kommen.

Hunde-Aphorismen der ersten 20 Tage

Mein Herz floß über. Ich war verliebt – in ein Stückchen Hund. Jedem erzählte ich Rubys Abenteuer. Bis ein Freund flehte: „Schreib das doch auf – für BILD!"
So wurde Ruby am 10. Januar 1994 plötzlich der berühmteste Hund Deutschlands ...
11 Millionen Leser blickten in Rubys Herz – und in meines ...

★★★

Ruby bellte nur englisch. Grund: Ihr Vor-Frauchen war Britin. Ich stammelte nur *„Sit!"*, *„Good Dog!"* etc. Und ich versuchte ein Wesen zu verstehen, das mich nicht verstand ...

★★★

Jeden Morgen um 10 Uhr diktiere ich meiner Sekretärin Frau Ulbig Rubys Abenteuer. Es sind die witzigsten Minuten des Tages ... unschuldig, kindisch, bizarr ...

★★★

Unser Leben verändert sich. Wir haben ein Baby, das bellt. Aber wir bereuen nichts ...
War's ein Fehler? Eine Etagenwohnung (3. Stock, 100 Stufen) ist kein Hundeparadies. Verdammte Verantwortung ...

★★★

Zum ersten Mal spüren wir Angst. Müssen wir uns 15 Jahre lang sorgen ...?

★★★

Wir treffen den Schauspieler Wussow („Schwarzwaldklinik"). Er führt seinen Boxer Gassi. Merkwürdig: Beide gukken griesgrämig ...

★★★

Ruby rast an die Sicherheitsglastür im Büro! Überall lauern Gefahren. Ich muß besser aufpassen ...

★★★

Zum ersten Mal bin ich sauer! Dieser Hund bestimmt mein Leben. Ich muß Toleranz lernen ...
Ich fliege nach München. Ich tele-

foniere die Kolumne ins Büro. Ich bin einsam ... Das Knäuel fehlt mir ...

★★★

Plötzlich schreiben Leser! Ruby rührt die Nation. Ein Hundeherz wird wichtiger als Katastrophen ...

★★★

Ich spüre zum ersten Mal, daß ich Rubys Herz auch verlieren kann. Sie ist eine Frau! Ich hab' das vergessen ...

★★★

Herrchen: Die Baby-Phase ist vorbei. Ruby wird kindisch. Sie entdeckt, daß sie mich ärgern kann ...
Frauchen: Herrchens Wattebausch-Herz läßt sich alles gefallen. Aber Ruby braucht ein Alpha-Tier – einen Rudel-Chef! Jetzt hab' ich zwei Kindsköpfe an der Leine ...

★★★

Herrchen: Soll ich 15 Jahre lang mit einem Hund schlafen? Ruby muß in die Einsamkeit ihres Körbchens! Ich versuche, hart zu sein ...
Frauchen: Wir prägen Ruby falsch – zu weich, zu menschlich. Wir werden's ewig bereuen. Aber Herrchen hatte noch nie einen Hund. Er darf alles falsch machen ...

★★★

Herrchen: Die Stadt macht Hunde krank. Wir müssen so oft wie möglich raus – ans Meer. Aber ein Containerschiff mit Gift kenterte ...
Frauchen: Ruby wirkt auf uns wie ein lebendiges Versprechen: Irgendwann werden wir aufs Land ziehen. Rubys Sehnsucht ist unsere Sehnsucht ...

★★★

Herrchen: Der schlimmste Tag! Wir lassen Ruby allein! Sie muß schmerzhaft erwachsen werden ...
Frauchen: Die ganze Wohnung war zerknabbert – seelische Ausbruchsversuche. Wir müssen härter werden!

★★★

Herrchen: Die BILD-Serie ist ein Erfolg. Ruby wurde ein Star. Drei Wochen gab es Ruby nonstop. Aber jetzt reicht's. BILD ist kein Hunde-Blatt. Es gibt Wichtigeres. Trotzdem – das Ruby-Echo ist enorm: „Ruby ist der Sonnenschein, der am Morgen alles Schreckliche vergessen läßt" etc., etc. Ruby füllt eine Nische der Gefühle. Wir beschließen, einen Monat Pause zu machen – und abzuwarten ...
Frauchen: Endlich! Rubys Tagebuch wird geschlossen! Durch Ruby er-

lebte halb Deutschland, was wir tun, erleben, fühlen ... Ich will meine Anonymität wieder. Und Herrchens Hauptjob ist es ja, die BILD zu machen ... oder?

★★★

Herrchen: Ohne Ruby klafft eine Lücke der Menschlichkeit in BILD. Viele Anrufer, viele Briefe! Alle wollen Ruby zurück! Wir erfinden „Rubys Knochenende". Jeden Samstag gibt's wieder eine Ruby-Ecke – 40 bis 60 Zeilen, ein Tagebuch der kleinen Dinge, die oft wichtiger sind als die großen ... Aber wenn wir wirklich Ruby-müde werden, hören wir ruck, zuck auf ... versprochen!

Frauchen: O weh! Ruby bellt wieder öffentlich. Herrchen freut sich so halb. Er liebt diese kleine Kunstform des Tagebuchs. Er läßt einen stummen Hund sprechen. Na, vielleicht wird's ja mal ein Buch ... (Nicht nur eins! – Der Verlag)

★★★

Herrchen: Sollen wir Rubys Schwanz kupieren? Kein Mann kann dazu je ja sagen ...
Frauchen: Keine Angst. Wir werden Ruby ewig so lassen, wie die Natur sie uns geschenkt hat ...

Mein Hund & ich

Das erste Jahr

Tag 1

Ich bin seit heute 11 Uhr zu dritt. Ich, Frauchen, und unser Baby-Hund Ruby! Zehn Wochen frech, schwarz. Ein Jack-Russell-Mischling (mit einem Hauch Dobermann).
Ruby hat das Gebiß eines Piranhas – und die Blase eines Niagarafalls.

★★★

Ein Mann ist erst ein Mann, wenn er einen Hund hat! Ein Hund ist eine Familie. Sie weckt mich um fünf Uhr früh – durch Lecken, Zehenbeißen und herzerweichendes Winseln.
Ruby zerreißt alles, was einen Zipfel hat (zur Zeit „Hermes"-Schlipse und die „Times").
Plötzlich steht Hamburg für mich voller Bäume. Grünflächen sprießen (mit Ruby-Verbot).
Ich bin verliebt (Ruby ist ein Mädchen). Endlich liege ich mit zwei Frauen im Bett. Rubys Charakter: Kosaken-Treue, Seeräuber-Mut, Millowitsch-Humor.
Mein Hunde-Schicksal: Ich wollte immer einen seidenblonden, großen Golden Retriever. Jetzt werde ich 15 Jahre mit einem schwarzen Zwerg verbringen, der mich in die große Zehe beißt.

Tag 2

Wer liebt, leidet

Rote Hautlöcher klaffen an meinen Händen und Zehen. Die Wecknarben des Piranha-Gebisses von Ruby.
Ruby (zehn Wochen) ist mein Jack-Russell-Mischling. Ein schwarzer Zwerg-Teufel – mit den unschuldigsten Augen seit Mona Lisa. Wehe, Ruby ist plötzlich still. Dann frißt sie alles, was Zipfel hat (z. B. Schweinsohr, Telefonkabel, Pferdeleder-Schuhe etc.).
Aber Ruby ist meine Familie (Frauchen auch). Meine Verantwortung, mein Stolz, mein Schicksal – mein Müll-Monster.
Weil sie Britin ist, versteht sie nur Englisch („*Sit*"). Da ich neben Ruby auch noch arbeite, haben wir jetzt eine „Ruby-&-Friends-Stiftung" gegründet:

zehn mutige Freunde, die Ruby jederzeit babysitten (die Armen).
Zwei Probleme bleiben:

- Wie macht man zu dritt im Bett Sex?
- Wie entsorge ich Rubys Häufchen, die so klein sind, daß ich sie gar nicht sehe? (Außer, ich trete rein.)

Doch diese Probleme werden sich in den nächsten 15 Jahren leicht lösen lassen.

Tag 3

Ich liebe ein schwarzes Mini-Monster – mit Vampir-Zähnen, der Schleckzunge einer Kuh und Niagarafall-Blase: Ruby. Aber wer liebt, riecht nichts.
Ruby hat auch ein Mammut-Herz. Sie ist eine Kupplerin.
Ich war ein einsamer Wolf (Typ Eastwood). Seit ich an Rubys roter Leine hänge, reißt sie mich in wildfremde Menschen. Die Bäckersfrau! Früher? Wortkarg. Heute: „Ach, wie süüüüß."
Ruby zieht mich am liebsten zu Frauen mit reißbaren Nylonstrümpfen.
Heute früh, nachts um 7 Uhr: Ruby lernt einen Dackel kennen, ich das Opa-Herrchen: „Meiner hat heute dritten Geburtstag!"
Ich hatte keinen Knochen dabei und lief weg.

Tag 4

Frauchen ist bös'!!!

Mein Herz ist zu weich. Ich kann Ruby nicht schimpfen, hauen, anschreien (er guckt wie „Mutter Drombusch").
Neues aus Rubyhausen:

- Ruby hat das Kopfkissen entdeckt (weicher, höher, wärmer, nahe Herrchen). Schmeiße ich sie raus – oder nicht?
- Ruby ist ein Wohnungs-Porsche. (Genetische Bestimmung: Fuchsjagdhund.) Ruby sucht überall Löcher! Sie ist tunnelsüchtig. Tunnel unterm Bett, unterm Sofa, im Bett. Der Fuchs bin immer ich (bzw. mein großer Zeh, aua!).
- Frauchen hat einen Flauschkorb gekauft (59 DM, ohne Daunen-Kissen). Ruby-Baby kriegt auch Lebertran und Kalktabletten (für Knochen).

Tag 5

Ruby ist krank

Ruby ist ein Kindskopf. Als junger Fuchsjagdhund-Welpe lebt sie ja eigentlich im Wald. Aber wir haben nur Teppichboden.
Rubys größtes Problem zur Zeit: „Wo

kann ich meine Spielknochen vergraben?"
In der Waschmaschine? *No!* Badewanne? *No!* In Herrchens Schuhen? *No!* Im Kamin? *No!*
Ich habe Ruby bespitzelt: Mit ihrer Stupsnase teilt sie die bodenlangen Fenstervorhänge, legt den Knochen rein und stupst mit der Nase den Vorhang wieder drauf ...
Herrchen hat alle Knochen gefunden.

★★★

O Gott! Heute früh (7 Uhr) der Schock: Ruby beißt nicht! Zwickt nicht, winselt nicht! Ihre Ohrzipfelchen hängen traurig runter wie nasse Socken ...
Ruby ist krank!
Sie ist doch erst zehn Wochen alt! Mein Herz tut weh. Ich rufe den Tierarzt meines Chefs an. Termin 16 Uhr ... Lieber Gott, mach, daß alles wieder gut wird!

Tag 6

Ruby weint nicht ...

Es war der schmerzlichste Tag in meinem kurzen Hundeleben.
Ruby ist krank! Ihre Ohrzipfel sind schlaff, ihre Augen matt ...
Ernst? Oder ist sie nur eine beleidigte Ruby-Wurst? Denn Schwiegermama hat sie zusammengestaucht ...

Ihr erster Tierarzt-Termin

Ich warte und schwitze. Plötzlich: Ring-ring. Frauchen ist dran. Entwarnung! Ruby hat sich nur mit einem Hundegrippe-Virus angesteckt. Ganz tapfer stand sie auf dem Behandlungstisch. Der Doktor gab ihr Malzpaste zum Schlecken. Heimlich setzte er Ruby eine Spritze in den Po. Ruby hat nicht geweint ... Gott sei Dank! Klar. Ich wußte: Ruby hat ein Tarzan-Herz. Keine Träne rinnt über ihre Stupsnase.
Rubys Belohnung: ein Papierkorb. Mein Büro ist ihr Büro.

Tag 7

Ruby schnüffelt am Meer

Ruby hat Geburtstag. Sie ist jetzt eine Woche bei Herrchen & Frauchen.
1. Geschenk: ein Schoko-Knochen.
2. Geschenk: ein weißer Butzelbär für ihren Flauschkorb.
3. Geschenk: eine Extra-Dose „Tuba"-Teppichschaum (das ist quasi ein großer Radiergummi, der Rubys Spuren tilgt ...).

Ruby darf ans Meer (obwohl es da keine Knochen gibt). Herrchen blieb in der Kneipe.
Frauchen ist sportlicher.
Ruby ist ein Sachen-Sucher. Mit ihren weißen Pfötchen gräbt sie Muscheln aus. Mit ihrem Stupsnäschen findet sie ein Fischkopf-Skelett (Pfui Deiwel, Herrchen ist Bayer). Ruby ist Gott sei Dank wasserscheu! Vor den schäumenden Wellen hat sie Angst.

★★★

Ruby hat einen Star kennengelernt: den Hund von „Professor Brinkmann" (ich habe ihr diesen seichten Umgang sofort verboten).

Tag 9

Rubys erste Beule

Ich lebe in einer tierischen Achterbahn.
Ruby rast. Ruby explodiert vor Energie (sie hat die ganze Malzpaste vom Tierdoktor aufgefressen). Mit ca. 30 km/h fetzt sie durch „ihre Tunnel" (Glastisch, Flurschrank, Doppelbett, Seidensofa, Ledersessel). Jedes Loch ist ein Tor.
Tränen im Büro: Sie knallt an die Sicherheits-Glastür! Winsel, Jaul, Zitter-Angst.
Mit elf Wochen weiß man nicht, daß die Luft der Menschen Balken haben kann.
Vier Würstchen dämmen die Tränen – und Rubys Beulchen.
Jede Erkenntnis ist eine Narbe. Auch bei Herrchen. Meine Arme sind rotgesprenkelt, zerkratzt, zerstochen. Nicht von tausend Killer-Bienen, sondern von Monster Ruby.
Ich bin ihr lebender Lieblingsknochen.

Tag 10

Ruby schlabbert Bier

Ich bring' sie um! Ich verkaufe sie an einen Hundefänger! Ich schmeiß' sie aus dem Fenster!
Mein rechter Arm blutet, mein großer Zeh – und mein Herz.
Ruby ist ein Monster. Ich kann nicht mehr ... Rubys Vampir-Zähne zerbeißen alles, was ich liebe: Zeitungen, Bücher, Schlipse, Strümpfe, Bademäntel, meine samtweiche Haut ...
Kurz bevor ich Ruby erwürge, leckt sie mir die helle Zehe und guckt wie Witta Pohl ...

★★★

Erlöst! Ruby fährt mit Frauchen – in ihrem alten Porsche. Auto ist das geilste. Das ist wie TV. Ruby guckt wie eine Giraffe. Aber nach fünf Ki-

lometern Schaukeln wird Ruby wieder zum Baby (elf Wochen). Das Auto wiegt sie in den Schlaf. Wie eine eingerollte Leberwurst liegt sie im Kindersitz.
Belohnung: Ruby darf in die Kneipe. Herrchen & Kumpane trinken aus durchsichtigen Näpfchen gelbes schäumendes Wasser – und lachen. Ruby kriegt einen Napf Bier.
Sie schleckt – brrr! Ruby ist Antialkoholikerin.

Tag 11

Erster Tag ohne Ruby

Ich hab' verschlafen ...! Kein Winseln! Kein Schleck! Kein Biß!
Hotel „Vier Jahreszeiten", München, Zimmer 270: Ich wache zum ersten Mal seit einer Woche alleine auf ...
Ich dachte, ich hasse Ruby ...
Aber: Gestern war mein erster Tag ohne Ruby. Furchtbar!
Mir fehlt etwas. Dieses kleine, pumpernde Herz unter dem schwarzen Fell. Diese zärtlichen Piranha-Bisse nach der schleckenden Waschlappen-Zunge ...
Ja, ich gestehe: Ich bin ein Rubyholic! Ohne sie? Das Leben ist sinnlos geworden ...
Die Stewardeß in der Lufthansa-Lounge beruhigt mich: „Sie dürfen einen Hund bis 5 Kilo in einem schleck- und beißsicheren Käfig mitführen."

★★★

Ruby-Baby versteht nicht, daß Herrchen nach durchsichtigen Näpfen mit schäumendem Wasser so viel lacht. Aggi, ein Herrchen-Kumpel, läßt sie aus der Kneipe ...
Plötzlich ist Ruby zurück: mit einem Bonbon mit Stengel – ihre erste tote Maus. Herrchen entreißt sie ihr ...

Tag 12

Ruby hat 1000 Herrchen ...

Ich hasse Glastische! Sie sind wie spitze Balken in der Luft ... Ruby ist mit ihrem Schnäuzchen dagegengerast. Sie hat geheult wie ein Schloßhund ...
Mir hat auch alles weh getan. Aber Ruby soll wissen: Du bist nicht allein! Du hast Tausende Herrchen und Frauchen – die Bild-Leser ...
Ich kann dir die Briefe nicht vorbellen. Aber du kannst sie ja auffressen:

- „Ruby, Du bist Balsam für die Seele!" *Christine Storm, Kaufbeuren*

- „Meine Tochter schneidet jede Folge aus." *Liselotte Mühl, Kandel*

● „Herrchen und Ruby – das kleine Eiland inmitten der täglichen Geschehnisse!" *JoJo, Hamburg*

● „Nicht die Katastrophen, nicht das Rätsel – das erste ist Ruby! Der Sonnenschein, der mich morgens alles Schreckliche vergessen läßt ..."
Ingeborg Saggau, Hamburg

● „Über Rubys Streiche mußte ich so lachen, daß mir fast die Tränen kamen!" *Ursula Mevissen, Nürnberg*

● „Ich heiße Ralf – und bin ein Jagdterrier. Du siehst ja fast so aus wie ich, nur kleiner. Wenn ich Deine Geschichten jeden Tag lese, muß ich an meine eigene Kindheit denken."
Alf von Warda, Neumünster

Zur Belohnung kriegt Ruby ein rotes elastisches Halsband – mit vergoldetem Anhänger (in dem Rubys Adresse steht).

Tag 13

Ruby und das blutende Nasen-Massaker

Liebe tut weh. 7.05 Uhr, Doppelbett, Hamburg: Ich seh' das Monster zu spät! Es rast! Es fliegt! Die zipflig aufgerichteten Ohrwascheln werden immer größer – wie Warndreiecke. Das schwarze Schnäuzchen öffnet sich wie ein Satans-Schlund. Die Piranha-Zähne blitzen – Auuuuuuuuuuuuuuaaaaaaaaa. Ruby hat mich in die Nase gebissen!!!

Tag 15

Ruby ist verliebt ...

Rubys gabellanger Schwanz ringelt sich – und wackelt erregt. Ihre zipfligen Warndreiecke (Ohren) sind spitz wie Lumpi.
Ruby ist verliebt!
Ruby ist ja ein Mädchen (12 Wochen jung).
Der neue Prinz in ihrem Leben heißt „Flachs" – er ist fünfmal so groß und zehnmal so schwer: ein junger Schäferhund (vier Monate), ein leinenloser Landrüpel. Tatort des ersten Rendezvous: Samstag, Ostseestrand, alter Leuchtturm. Liebe auf den ersten Schnupper. Seine Tatze umarmt Ruby wie „Baloo" seinen „Mowgli". Ruby hängt sich mit ihren Fangzähnchen zärtlich-grob in seine Wange. Ruby darf auch ihren Kopf in sein Maul stecken. Wenn beide müde sind, schläft Ruby in seinem Schoß. Weil „Flachs" so groß wie der „Brocken" ist, klettert Ruby auf ihn drauf wie Messner. Zu tren-

nen sind beide nur durch winselndes Wegtragen – ein Gejaule wie bei Verdis Gefangenenchor.
Die Verknallten haben sich schon für nächstes Wochenende verabbellt. Sex ist noch kein Thema.

Tag 16

Warum Ruby Regen haßt …

7.10 Uhr: Kratzender Regen knattert an die Fenster.
Ruby guckt wie im Kino.
Ruby glaubt, der Himmel pinkelt. Sie will nicht raus. Wenn die Menschen (zweibeinige Hunde) in der Früh Zelte über sich aufspannen, muß Ruby quasi im Schlafanzug auf die schwimmende Straße. Ruby haßt Wasser. Wie Marilyn Monroe stöckelt Ruby Richtung Baum.
Der schwammige Rasen ist so glitschig, als hätte Petrus in sein Körbchen gemacht. Ruby ist eine City-Lady, die Schmutz haßt.
Nachdem die große Niagarafall-Phase vorbei ist (kleine Pipi-Seen bevorzugt auf Frauchens weißem Wollteppich), Code-Name „Rubykon", wird Ruby zum Scherzbold.
Wenn man ruft, kommt sie nicht mehr! Sondern setzt sich in ein paar Metern Entfernung hin. Und schaut mich mit ihren schwarzen, schimmernden Knopfaugen an, als wolle sie mich heiraten …
Normalerweise säuselte ich in der Tonlage von Audrey Hepburn: „Rubyleinchen …!!!"
Aber das klappt nicht mehr.
Im Gegenteil: Kaum gehe ich auf Ruby zu, hüpft sie wie ein Flummi weg. Ist Ruby besonders fies drauf, springt sie frech zu anderen – und schleckt sie ab (und lacht innerlich wahrscheinlich wie Millowitsch). Ist Ruby das Herrchen oder ich …?

Tag 17

Ruby & die Weichheit des Herzens

Ich habe Ruby geprägt – falsch? Zu weich?
7.00 Uhr, Doppelbett, Hamburg: An meiner großen Zehe schlabbert und knabbert eine Art Waschlappen. Wie ein nasser Teddy kriecht das schlabbernde Bündel den Daunen-Tunnel hoch, Richtung säuselndes Schnarchen. Mit einem finalen „Platsch!" knallt mir Ruby ihre liebende Zunge quer über das erwachende Gesicht.
Mein Baby ist aus seiner Wiege (Knautschgummi-Korb) gehüpft und sucht die geborgene Wärme seiner fehlenden Mutter – mich!

Jeden Tag?
15 Jahre lang?
5477 Tage?
Ein Experte: „Ein Welpe sucht Wärme und Sicherheit. Wenn es dunkel wird und die Familie schläft, empfindet der Welpe zum ersten Mal in seinem kurzen Leben Einsamkeit. Er heult, winselt, jault und pinkelt ... Bleiben Sie hart! Sonst schläft er mit Ihnen fünfzehn Jahre lang ..."
Ruby kriegt jetzt eine Wärmflasche in den Korb und einen beruhigenden Ticktack-Wecker (Herzschlag der Mutter).

Tag 18

Ruby Hood: Sie muß in den Wald!

Ruby wird zum Stadt-Neurotiker! Im Herzen ist sie ein Wald-Monster, das durch Fuchstunnel jagt und die Traktorkraft hat, allein ein Pferd zu ziehen.
Aber Ruby lebt in einer Wohnhöhle (3. Stock), die nach Parfüm riecht, Zigarren, Steaks, Fairy ultra etc. etc. Statt Vogelgezwitscher plärrt Whitney Houston aus acht Lautsprechern. Nirgends ist ein Baum, nirgends Dreck, nirgends Mäuse, nirgends Gras.
Und das müde Herrchen hockt abends mit Schaum-Napf vorm elektronischen Lagerfeuer und guckt „Bergdoktor" ...
Ruby muß raus!

★★★

Ruby braucht Meer-Urlaub! Aber das Meer schreit! Giftige Wellen schwappen silbrige Giftbömbchen aufs Watt („Apron plus", 10 x 10 cm). Herrchen hat Angst. Ruby beißt in alles, was Zipfel hat.
Neuer Plan: Ruby darf nach Sylt (wo viele reiche Hunde bellen, aber noch kein Gift platzt). Einziges Problem: Hoteliers schütteln den Kopf: „Ruby-Verbot!"

Tag 19

Ruby allein zu Haus ...

Ruby lernt die Einsamkeit kennen. Jeder Hund hat Premieren: Das erste Mal in Herrchens Bett schlafen. Das erste Mal einen Knochen finden. Das erste Mal an einen großen, dicken Baum pinkeln. Und er muß zum ersten Mal allein sein.
Rubys Lieblingsplatz ist die Küche. Frauchen rüstete sie aus wie eine Millionärshütte: fünf Knochen! Einen Riesennapf kaltes Wasser. Rubys Lieblings-Flauschkorb, Rubys Lieblings-Kuschelmantel ...
Plötzlich Tür zu!

Herrchen und Frauchen schlichen sich wie Diebe weg, stürzten das Treppenhaus hinunter und hörten oben leises Winseln ...

★★★

Draußen bricht uns das Herz! Herrchen will gleich wieder umkehren. Frauchen stoppt ihn: „Ruby muß das lernen! Eine Stunde Einsamkeit!" Mit Tränen in den Augen fährt Herrchen zur Arbeit (soll ich Ruby anrufen?).

★★★

Sechzig Minuten sind eine Ewigkeit für einen Welpen. Ruby wurde zum kläffenden Pavarotti! Ruby jaulte, bellte, winselte! Die Nachbarin glaubte, ein Mensch stirbt. Der Hausmeister dachte an einen Drachen.
Sechzig Minuten Leid.
Sechzig Minuten Knast.
Sechzig Minuten Erwachsenwerden.
Als Frauchen die Tür öffnet, springt Ruby einen Meter hoch. Als sei Frauchen zehn Jahre in Sibirien gewesen. Ruby schleckt, beißt, hüpft vor Glück – und pinkelt happy eine große Lache. Ein See der Freude.
Rubys Spuren der Kerkerhaft: Kratz- und Bißkerben! Im Stuhlbein, im Tischbein, am Eisschrankgriff. Zerbissene „WELT", zerbissene Bücher, zerbissene Servietten.
Trotzdem: Zur Belohnung kriegt der Häftling Extra-Pal!

Letzter Tag

Ruby bellt bye bye!

Wau, wau. Waaaauuuuu, Winsel, Schnief ...
Ruby nimmt Abschied von den elf Millionen Bild-Lesern.
Ruby ist urlaubsreif!
Der Welpe ist eine junge Lady geworden. Ihr Korb ist ihr Schloß. Eine Prinzessin auf der Blase. Aber sie muß sich mit ihren Piranha-Milch-Zähnchen noch durchs Erwachsenwerden beißen.
Ruby ist fast 14 Wochen alt (das ist ein Menschenjahr). Ruby kommt in die Pubertät. Ihre Schlappohren stehen steil gezirkelt. Ruby wird immer mehr zur Fledermaus (mit 2,5 kg).

Ruby ist ein Star.

Die ganze Straße kennt Ruby: Zeitungsmann, Bäckersfrau, Metzger, Parfümerie ...
Keiner grüßt Herrchen, alle juchzen: „Hallo Ruby!" (Ich bin der Leinen-Chauffeur.)
Ruby ist diszipliniert.

Ruby: Ich belle jedes Wochenende in BILD

Vier Wochen war Stille.
Ruby-Ruh'.
Kein Schleck, kein Beiß, kein Wuff, kein Winsel, kein Pinkel, kein Knurr, kein Kratz ...
Bild war eine Ruby-freie Zone.
Aber...! Bettel-Briefe! Winsel-Anrufe! Herrchen-Schelte! Tausende Fans wollten ihre Ruby wiederhaben, das schwarze Monster mit den Witta-Pohl-Augen und Krokodil-Zähnen.
Das habt ihr davon!
Ruby is back!

Herrchen lebt gesünder (früh raus, wenig Kneipen, abends in den Park, dreimal pro Tag 220 Stufen steigen).
Ruby braucht Ruhe.
Ruby muß reif werden.
Als ich gestern ging, saß Ruby wie eine ägyptische Sphinx auf den zwei Daunenkissen und blinzelte mir nach wie dem Lieblingssklaven.
Ruby ist wie lebenslänglich. Verliebt = verurteilt!
Seit 20 Tagen bin ich zu dritt – und glücklicher. Vielleicht schreibe ich ein Buch über Ruby. Titel: „Rubykon" (nach dem Fluß mit i, den Cäsar nie überschreiten sollte).
Früher war ich Mensch.
Heute bin ich Herrchen ...

★★★

Ruby, ein Jack-Russell-Dobermann-Mix, eine Prinzessin auf der Blase, ist jetzt 16 Wochen alt – und groß wie eine Weinflasche. Aber Ruby ist zum Pummel geworden: fünf Maßkrüge schwer (5 kg).
Ruby ist kein Baby mehr, aber ein Kindskopf, ein Halbstarker.
Stubenrein? Jein. Ruby stupst mit der nassen Nase Pipi-Alarm an Herrchens Bein. Aber kaum vor der Tür, rinnt Rubys Niagarafall auf die Fußmatte.

★★★

Ruby kann nicht weinen, obwohl es sicher weh tut.
Gestern spielte Ruby mit einem kleinen weißen Kieselstein ... seinem Zähnchen! Ruby hat schon acht Milchzähne verloren. Kein Mensch ist so tapfer!
Rubys größtes hängendes Problem? Will ich weiche Schlapp-Ohren oder steife Fledermaus-Ohren?
Herrchens größtes Problem? Soll ich aufs Land ziehen? Denn mit Ruby komme ich in kein Kino (z. B. „Carlitos Way"), keine Sauna, keinen Supermarkt, keine Disco, kein Museum.
Ruby, Frauchen und ich fahren deshalb dieses „Knochenende" wieder ans Meer – Hundehütten gucken.

Ruby und ihr Schwanz-Problem

Ruby ist ein Philanthrop (Menschenfreund).
Ruby fehlt jede Scheu und Angst. Kaum sieht sie einen Menschen (zweibeinige Hunderasse, die unverständlich bellen), hüpft sie mit zärtlich blitzenden Zähnen hoch: schleckt, kratzt, beißt oder pinkelt aus Freude. Ihr Herz ist ein Ozean.

★ ★ ★

Ruby hat ein Problem. Der Schwanz ist lang wie ein Messer! Wenn Ruby keinen Knochen hat, jagt sie ihren Schwanz. Ruby dreht auf wie ein Moulinex, quirlt im Kreis, schwindlig irr, bis – zack! – sie ihn hat.
Das sorgt Frauchen? „Sollen wir Rubys Schwanz nicht abschnei ...?"
„NEIIIIIIIIN!" schreit Herrchen (der einzige, der da mitreden kann). Ruby wird nicht verstümmelt.

★ ★ ★

Die City-Lady Ruby entdeckt das Landleben. Am „Knochenende" war sie bei ihrem neuen Freund, dem leinenlosen Landrüpel „Flachs" (Schäferhund-Mischling, zehn Monate alt). Mit ihm zieht Ruby in den Super-Dreck: Matsch, Misthaufen, Jauchewolken. Und plötzlich pupst Ruby wie ein Bernhardiner ...! Der Duft der ersten Liebe zwischen Meerluft und Wäldern ohne Autos. Ruby sehnt sich nach einer Landhütte ...

Ruby ist der Tarzan des Parks.

Ruby ist frei! Hamburg, 23.55 Uhr, Seitenstraße: Ruby läuft zum ersten Mal **ohne Sklavenleine.**
Ruby stakst wie Bruce Willis übers Kopfsteinpflaster. Geboren für die Freiheit.
Ruby hat keine Angst (z. B. vor vierrädrigen Blech-Hunden). Leider ge-

horcht Ruby wie ein Einzelsack Flöhe. Nur wenn Herrchen mit der Leine schmeißt, kuscht Ruby und kommt winselnd zurück. Eine große erzieherische Leistung.

★ ★ ★

Ruby ist der King im Park. Rubys Fell ist wie ein Seidenpyjama. Aber Ruby strotzt vor Mischlings-Gesundheit. Die reinrassigen Ladies im Park haben Haarausfall, Schnupfen, Bibbern und Blasenerkältung. Nur Ruby rast wie ein schwarzer Tarzan im Super-G durch die Bäume. Alle lieben sie. Wenn Ruby kommt, wird der Park fröhlich – und Herrchen keuchend.

★ ★ ★

Ruby ist der liebste Wecker der Welt. Nur schleckt sie jetzt immer früher! Gestern, 6.30 Uhr: Weck-Schleck am großen, vom Bett baumelnden Zeh. Frauchen hat jetzt auch ein Anti-Pups-Deodorant entdeckt: Wenn **Ruby** pupst (nicht immer, sondern immer seltener), reißt sie ein Streichholz an und pustet's – ruck, zuck – wieder aus. Der Schwefel frißt **Rubys** Po-Duft auf. Herrlich!
Größtes Problem zur Zeit: Wir sind ein Rudel – die drei **Ruby**tiere. Aber Herrchen & Frauchen wollen nach New York. Dürfen wir **Ruby** (18 Wochen) schon bei Freunden abstellen?

Ruby entdeckt den Sex

Weil ich keine Probleme habe, habe ich Ruby. Denn Ruby hat immer welche.
● Problem: Ruby wird zum Osterhasen. Ihre Ohrwascheln wachsen wie Pfannkuchen. Sie knicken nicht mehr ab, sondern sind steif wie Warndreiecke.
Ruby schaut aus wie ein Steiff-Tier. Jetzt rolle ich die Öhrchen immer ein wie einen Teppich.
● Problem: Die Rüden haben Ruby, meine unschuldige Prinzessin, entdeckt. Diese geilen Machos schwänzeln im Park um Ruby rum (19 Wochen jung).
Und typisch Mann – sie kommen von hinten! Mit ihren gierigen Pfoten wollen sie Ruby umarmen und ...
Doch Ruby weiß gar nicht, was Sex ist. Aber wie kläre ich sie auf? Mit einem Video?
● Problem: Frauchen und ich müssen eine Woche nach New York. Wo soll Ruby hin? Frauchen weint jetzt schon. Ruby spürt auch, daß sein Restrudel weg will. Aber Ruby muß leben lernen! Der Hundehimmel hängt nicht nur voller Knochen und Schweinsohren.
Ruby guckt wieder wie Witta Pohl – und Frauchen bleibt wohl mit Ruby allein am Oster-Knochenende.

Ruby, die Lebenskünstlerin

Ich sitze in der Kneipe. Vor mir ein Bier. Unter mir Ruby, mein Wachhund. Wie eine eingerollte, schnarchende Leberwurst.
Ich bin stolz und dankbar.
Ruby hat mir wieder gezeigt, wie schön das Leben ist.
Um 7 Uhr früh zieht mich Ruby zum Bild-Kiosk. Ich atme die frische, klare Luft.
Ruby bellt mit jedem Menschen, den er trifft (riecht an jedem Hund). Ruby ist immer positiv. Plötzlich redet auch Herrchen mit wildfremden Leuten.
Ruby und ich entdecken das Meer, Parks, die Alster, die Bäume, Bäckereien und hundefreundliche Lokale.
Ruby ist ein Anti-TV, Anti-Kino, Anti-Kultur, sie ist anti-kompliziert.
Rubys Philosophie: Ich habe einen Knochen – also freue ich mich des Lebens (bzw. Schweinsohrs, 1 DM).

★★★

Ruby wird erwachsen! Stolz wie ein entlassener Sklave rennt sie ohne Leine durch unsere Straße! Ruby unterteilt auch plötzlich die ganze Menschheit: Gute Menschen schleckt sie, bei anderen knurrt sie böse.
Hund Ruby frißt wie ein Rudel Bernhardiner – und bleibt schlank.
Fazit: Ruby ist eine Lebenskünstlerin. Ein bißchen Hund täte jedem Menschen gut.

Eine Woche ohne Ruby

Rubys Bißwunden sind verheilt, aber mein Herz blutet. Leider ist Rubys Zunge keine 6117 km lang – kein kitzelnder Schlabberlappen züngelt um 6 Uhr früh über mein einsames Gesicht.
Eine Woche ohne Ruby ist wie ein Kamin ohne Feuer, kalt und ganz sinnlos.

Aber Ruby sei froh!

New York ist ein Hundegefängnis. Du dürftest hier nichts machen, schon gar nicht „Groß" auf die Straße. Überall Leinenpflicht, es gibt nur eine schöne Toilette – den Central Park (größer als Monte Carlo). Aber hier laufen die Herrchen mit Schaufel und Tüten hinter den Hunde-Popos her.
Ich schaue aus dem 42. Stock und der Freiheitsstatue in die Augen. Aber ich sehe nur dich, wie du mit dem Schwanz wedelst. Ich würde dich so gerne streicheln, aber meine Arme sind auch zu kurz.

Ruby hat ein Hirn!

Flughafen Hamburg: Zurück aus New York. Ganz, ganz hinten steht Frauchen. Sie bückt sich, knipst die Leine los ... Ein schwarzes Monster rast los! Zurückgeklappte Rennohren, Waschlappen-Zunge, ringelnder Lasso-Schwanz und kratzende Krallen auf dem Marmorboden ...

Ruby erkennt mich wieder! Zwischen 120 Abholer-Beinen wetzt sie Slalom – und bremst winselnd. Wie Rumpelstilzchen wirbelt Ruby einen Zaubertanz. Die Freude ist zu groß – Niagarafall! 60 Zweibeiner lachen. Ruby hüpft in die Kaschmir-Arme von Herrchen ...

★★★

Ruby ist in sieben Tagen erwachsen geworden.

Beweise: 1. Sitzt ohne Leine brav vorm Metzgerladen. 2. Gähnt vorm TV. 3. Kennt im Büro den Keks- und Schweinsohr-Schrank. 4. Will nicht mehr im alten Porsche von Frauchen fahren (sollen wir verkaufen?). 5. Schläft länger als Herrchen. 6. Schlingt wie Strack. 7. Verlor den letzten Milchzahn (jetzt Kroko-Gebiß). 8. Ruby watschelt morgens ins Bad und putzt sich die Reißzähne wie Herrchen – mit einem Knochen.

Ich blute wieder!

Ruby riß mir aus Liebe den rechten Daumen (und linken Mittelfinger) auf. Gibt's eine Impfung gegen „Tobsucht"?

Ruby trifft ihren Kanzler

Ein Mann wie eine gehende Eiche – umzingelt von Gorillas.

Ruby blickte hoch. Die Eiche blickte runter.

Es war der größte Augenblick im 25wöchigen Leben der deutschen Hündin Ruby. Sie traf ihren Kanzler!

Helmut Kohl besuchte BILD – und Ruby. Der schwarze Riese beugte sich runter zu dem kleinen schwarzen Monster. „Da schau her. Du hast ja sogar brav eine Steuermarke!" Rubys schwarze Bowling-Augen blickten treuherzig hoch. Seine Pfoten kratzten am Maßanzug. „Wenigstens bist du ein schwarzer Hund ...", sagte der Kanzler und kraulte zärtlich.

Auch Herrchen war stolz.

Der Kanzler sprach mit Ruby (Herrchen soufflierte):

„Bist du der Hund des Chefredakteurs?"

Ruby: „Nein, ich gehöre zu dem anderen da."

„Wo kommst du her?"

Ruby: „Aus dem Tierheim."
„Du bist aber sehr lebendig!"
Ruby: „Wau! Ich bin ein Jagd-Mischling und mag die Zweibeiner ..."
Ruby hat sich gleich in den großen Kanzler verliebt. Wie ein bellender Bodyguard lief sie ihm hinterher bis zum Panzer-Mercedes. Als der Kanzler winkte, verrenkte Ruby den Hals ...

Ruby hat eine Reetdachhütte!

Ruby ist happy! Wir ziehen aufs Land. Ihre neue Hundehütte ist ein 300 Jahre altes Reetdachhaus (180 qm), noch eine Ruine. Aber Ruby entdeckt Misthaufen, grunzende Schweine (kannte bisher nur ihre getrockneten Ohren) und muhende Kühe. Frage: Braucht Ruby eine eigene Reetdachhütte?

★★★

Ruby hat die Faulheit entdeckt. Früher weckte die schlabbrige Zunge meinen großen Zeh um 6 Uhr. Heute: Ruby pennt bis 8 Uhr! Frauchen muß das Rudel wecken: „Du Schlaf-Komplize! Raus ihr beiden!" Ruby gähnt wie ein Walroß.

★★★

Ich habe zwei Sorgen: 1. Wie bringe ich Ruby bei, daß ich „Alpha" bin – das Oberhaupt des Rudels? 2. Wie lernt sie die sieben Schlüsselbefehle ihres Lebens: • Sitz! • Platz! • Fuß! • Komm! • Bleib da! • Nein! • Aus! (Rubygerecht wäre: Geh aus dem Spaghetti-Topf! Nimm deine Zunge aus dem Bier! Komm aus dem Eisschrank!
News: Rubys Schlappohren knicken wieder runter (reinrassig).

Soll Ruby nie wissen, was Sex ist?

Ruby ist der grausamste Wecker, den es gibt!
„Schlapp, schlapp, schlapp!!!!" Wie in einem Quirl klatschen Rubys Ohrwascheln an ihr sich schüttelndes Köpfchen. Rubys neuester Trick!

★★★

Ist es Rubys Nein zur Sterilisation?
Sex – oder nicht Sex? Das ist Herrchens Frage. Rubys Freundes-Clique ist gespalten wie beim Hasch-Urteil. Ein Schnitt bei Vollnarkose durchtrennt die Eileiter – und Lady Ruby hat nie mehr Sorgen mit lüsternen Rüden.
Aber: Wacht Ruby lebenslang krank auf? Wird Ruby danach immer fetter?
Viele Ruby-Fans schreiben & rufen an: Tut's nicht!

Viele Ruby-Fans schicken Rüden-Fotos: Tut's mit mir!
Herrchens Freunde winseln plötzlich (beim fünften Bier): „Ich möcht' auch ein Ruby-Baby!"
Aber wer zählt die Tränen, wenn Rubys Babies ins Tierheim müssen (wo auch Ruby herkam)? Ich als Rudelchef überlasse diese Lebensentscheidung Frauchen! Typisch Mann.

★ ★ ★

Ruby! Laß dir nicht deine Natur wegschnippeln!"
Sex oder nicht Sex? Rubys Witta-Pohl-Augen kugeln, ihre Ohrwascheln kippen, ihre nasse Nase stupst. Signal: Ich will nicht sterilisiert werden! Okay! Okay! Okay!
Ruby-Fans faxten wie wild, wie Lumpi!

- „Ruby soll doch wissen, was Sex ist!!!" *Taxizentrale*

- „Wuff! Ein bißchen Spaß dürfen wir doch auch haben! Hundeherzliche Wuffs!" *Jimmi, schwarzer Cocker, 7 Jahre*

- „Hallo Ruby, laß dich nicht zwangsentglücken!" *B. Eigner*

- „Nicht sterilisieren!!! Es sind doch nur zweimal heiße Wochen." *Hundedame Ina*

- „Mein Herrchen sagt, ich darf immer und mit jedem." *Moby*

- „Bitte lassen Sie Ruby erst ein- oder zweimal heiß werden ..." *E. Persch*

- „Bitte, liebe Ruby, laß keinen an deiner Natur schnippeln." *Dr. Lux*

Es gab auch „Tu's doch"-Faxe. Tenor: Schrecklich, wenn Ruby-Babies ins Tierheim müßten! Rudel-Kompromiß: Ruby bleibt Lady – vorläufig.

★ ★ ★

Ruby hat ihren ersten Kampf hinter sich (gegen Jack-Russell-Hündin „Betty"). Ruby ist erwachsen. Ruby knurrte – wie nach einer durchzechten Whisky-Nacht! Ruby fletschte – Ruby hat keinen Welpenschutz mehr ... Ein Kämpferherz!

Warum zittert Ruby im Auto?

Wau! Jaul! Juchz! Herrchen und Frauchen werden endlich wieder zu Freunden mit hellen Teppichböden eingeladen! Ruby ist wasserdicht stubenrein. (Was das heißt, ahnt nur ein Hundemensch).
Rubys Niagara-Blase ist versiegt. Wir müssen nicht mehr durch dunkle Bürogänge huschen wie Diebe. Je-

der Kaffeefleck im Springer Verlag wurde plötzlich Ruby, dem Unschulds-Monster, in die Pfote geschoben.
Stolzes Herrchen! Ohne Prügelstrafe habe ich Ruby stubenrein gestreichelt. Allerdings muß daheim ein neuer Teppichboden her.
Ruby ist erwachsen! Sie wird immer größer (Bierkiste), immer fetter (handtuchdickes Fell), immer ... älter (6 ½ Monate).
Die gütigen grauen Damen bücken sich immer seltener, um Ruby zu kraulen. Die Straße kennt den Strolch. Ruby ist kein Superstar mehr.

★★★

Ruby hat Angst! Ruby traut sich nicht mehr ins Auto von Frauchen. Auf der Autobahn verkriecht sich Ruby in den Fußraum. In der Stadt hupft Ruby zitternd auf Frauchens Schoß (die Polizei hat Ruby schon geblitzt). Warum?

Die Liebe zwischen Ruby & Herrchen

(Von Frauchen)

Ruby ist Herrchens erster Hund. Herrchen wollte immer einen edlen Golden Retriever. Aber Ruby ist ein teerschwarzes Monster mit Ringelschwanz.

Ruby kann Gedanken lesen.

Ruby fühlt, was passiert. Wenn ich meinen Schlips binde, steht Ruby schon schwanzwedelnd an der Tür. Wenn ich Ruby waschen will, verkriecht sich das Monster hinterm Vorhang, unterm Glastisch oder Dielenschrank (Stamm-Verstecke).

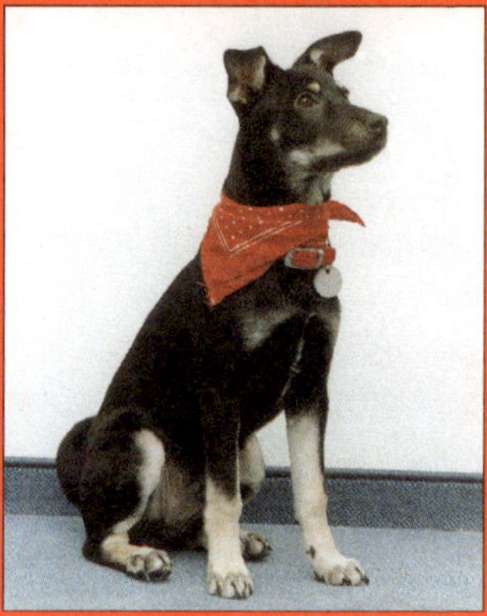

Herrchen wollte immer einen Wachhund mit tiefer Stimme. Aber Ruby bellt eher wie Ingrid Steeger.
Herrchen wollte immer einen Rüden, damit noch ein Mann im Haus ist. Aber Ruby-Baby ist eine Lady.
Herrchen wollte immer ein Haus am Meer. Aber für Ruby gibt's jetzt ein Haus am Misthaufen.
Herrchen liebt kleine Sportwagen. Aber Ruby hat Angst darin. Jetzt

fährt Herrchen eine langsame Limousine. Herrchens Schönstes ist es, lange mit Freunden auszugehen. Aber Ruby ist allein zu Haus, und Herrchen ist früh zu Hause.
Rubys kleine Zunge weckt morgens als erstes immer Herrchen. Beim Essen sitzt sie immer neben ihm. Herrchens Herz ist so hart wie ein Wattebausch. Würde Ruby jeden Tag von Herrchen gefüttert werden, wäre sie so dick wie Hella von Sinnen.
Ruby hat Herrchen viel beigebracht. Zum Beispiel, daß Aufstehen vor 7 Uhr gar nicht so schlimm ist, wie er immer dachte. Daß Spazierengehen auch ihm guttut. Und was Tuba-Teppichschaum ist. Seit Ruby ist Herrchen anders. Danke, Ruby!

Ruby und die Nackten

Ruby wird immer mehr Mensch. Ruby kann schon auf dem Rücken schlafen – ihre Spanferkel-Haxen aus dem Körbchen gestreckt. Aber Ruby, meine Schlaf-Komplizin, schnarcht so lange, bis Frauchen uns beide rauswirft.

★★★

Ruby ist ein Wunder. Ich huste, niese, fiebere – aber sie ist unansteckbar und schleckt ungerührt meinen Zeh.

★★★

Ruby wird immer schöner. Eine Beule in der Schnauze, ein Knoten in der Pfote und im Nacken ein fetter Wolfsfell-Hügel. Rubys Zunge ist einen halben Meter lang – wenn Ruby gähnt.

★★★

Ruby ist zum erstenmal geschwommen! Frauchen schmiß einen Ast in die schäumende Ostsee. Wie ein paddelnder Pinguin hechtete Ruby ins Meer (15 Grad). Furchtlos wie Michael Groß. Danach schnuppert Ruby an ängstlichen FKK-Nackten – weil Ruby doch in alles beißt, was einen Zipfel hat.

Ruby angelt schwimmende „Würstchen"

Der Krokodilrachen des Teichmonsters klappt auf und ...
Schrille Schreie!

★★★

Schwieger-Ruby war bei Schwieger-Mama (hat drei gut erzogene! Hunde). Garten mit Goldfisch-Teich. Die Tragödie begann mit Rascheln. Dann Plätschern. Ruby entdeckt die orangefarbenen fetten Fische im Wasser. Schwimmende Hundeku-

chen? Glitzernde Knochen? Feuchte lebende Würstchen? Tarzan-Ruby schleicht durchs Schilf. Krault vorbei an den Seerosen (drei versenkt). Platsch! Platsch! Nur Wasser im Maul. Würstchen schwimmen schneller.
Ruby wieder sauer an Land. Trocknet sich wie eine Waschtrommel im Geranienbeet ab. Blüten schmükken Rubys Fell – und die Witta-Pohl-Augen gucken Schwiegermama an (der Ringelschwanz kippt die Wärmestrahler um).
Sie schreit ... Nächste Einladung? Im Winter, wenn der See zugefroren ist.

Ruby hat einen Kater.

Champagner-Trüffel lagen auf dem Wohnzimmertisch. Herrchen war auf dem Sofa eingeschlafen. Ruby nicht! Braune Pfötchen auf dem weißen Wollteppich – Richtung Küche. Vor dem Wassernapf hechelt der Trüffeldieb. Ruby leidet. Hängt durch wie Harald Juhnke nach einer Flasche Moët & Chandon. Ein Tag Durchfall.

Wie kläre ich Ruby auf?

Ich glaub', es ist passiert! Ruby wird zur Frau (obwohl sie keine Ahnung hat).
Sie blickt wie Lady Di. Ihr Körbchen ist wie eine einzige große Erbse. Im Park stolziert sie kokett.
Aber wie sage ich's Ruby, daß Männer oft sexuelle Schweine sind? Wie klär' ich Ruby auf?
„Rüden haben einen Knochen mehr – da kann man aber nicht reinbeißen. Der liebe Gott hat diesen Knochen erfunden, damit es viele Rubys gibt. Er ist wie Streicheln ..." Stop! Ruby gähnt. Die Natur wird's schon richten.

★★★

Ruby wird zur Kuh. Jeden Morgen frißt sie plötzlich Gras, wie ein Rasenmäher. Ruby ist ein Öko-Freak. Wenn Frauchen raucht, bellt Ruby. Wenn Herrchen aus schäumenden Näpfen schleckt, dreht Ruby sich angewidert ab.

★★★

Ruby staunt. Aus einem langen Knochen mit Schnur (Telefon) kommt Menschen-Bellen von Frauchen: „Mausiiiiiii!" Ruby leckt dann die Löcher der Muschel.

★★★

Rubys neuester Lieblings-Platz: Das Kabelsalat-Nest hinterm TV. Denn in dem schwarzen Kasten leben ab und zu Hunde-Geister, die Ruby jetzt sucht.

160. Tag

Ruby ist ein seltener „LaStraMi"

Es ist eine wilde, gefährliche Welt da draußen! Hinter den Bäumen lauern sie, die Schlabber-Strolche! Mit lefzenden, gierigen Zungen!
Ich beschütze Ruby!
Denn Ruby ist „läufig" (zu 90 Prozent). Heiße Lumpis hupfen von hinten Richtung Rubys Unschuld.
„Jabadabaduuuuuuu!"
(Herrchens Kampf-Schrei). Mit dem Schirm schütze ich meine Jungfrau. Kein unwürdiger Zipfel darf in ihre Nähe! Rüden-Verbot!

★★★

Ich hasse die blassen Augen und die hohen Näschen von Rassehunde-Besitzern. Dieses Snob-Gefasel: „Ist doch ein Mischling – oder?"
„Ruby ist ein sehr seltener ‚LaStraMi'" (Land-Straßen-Mix). Aus Faulheit bluffe ich einfach: „‚LaStraMis' sind Senner-Hunde aus dem befreiten Ural ..."

★★★

Ist Ruby schön?
Jaaaaaaaaaaaaaaaaaaaaaaaa!
Aber: Witta Pohl guckt jetzt wie John Wayne. Schlappohren sind jetzt Stoppschilder aus Fell. Ruby schaut aus wie ein Bonsai-Schäferhund.
Aber mein Freund F. J. meint, Ruby wird jeden Tag häßlicher!
Ist Heidi Kabel häßlich? Aus einem Baby wurde ein Hund. Ich hab' noch nie so viel Charakter auf 30 Zentimeter erlebt.
Charakter ist Schönheit.

Ruby feiert eine Knochen-Orgie

Das Rudel hat gesumpft – bis 3 Uhr früh!
Herrchen ertrank in schäumenden Näpfen. Ruby ist groggy nach acht Knochen. Frauchen ist halb taub vom Ploppen der Korken.
„Hundemüde!!!" – ich begreife das Wort! Ruby schnarcht wie ein gegrilltes Spanferkel. Ihre schwarzen Schweinsäuglein schließen sich wie ein Rollo. Ruby schläft bis 12 Uhr mittags. Dann schlurft Ruby zum Wassernapf. Ruby wird immer menschlicher.
Drei Wochen Ausland! Soll Ruby ins Hunde-Internat? Kann Ruby leben ohne mich?
Erste Test-Nacht bei Ruby-Sitterin Jenny: Gejaule, drei Stunden kratzte Ruby an der Tür. Als es hell wurde, trottete Ruby ins Körbchen.

Knackste Rubys Herz an! Todtraurig guckte sie das verlorene Herrchen an. Hängende Zunge. Zitternd. Übermüdet. Wie ein betrogener Hund. Aber Ruby muß lernen, daß Liebe auch weh tut. Die Welt ist keine große Hundehütte. Und Herrchen muß doch Knochen verdienen.

★★★

Ruby-News:

- Ruby soll ein Buch bellen!
- Ruby soll zur Talkshow
- Es gibt den 1. „Ruby-Haß-Klub".

Hitze-Schock: Ruby schleckt Eis-Knochen

Tropf! Tropf! Platsch! Ruby leckt! Wie ein kaputter Wasserhahn trieft Rubys Kuhzunge (Schwitzdrüse). Ruby dampft. Grund: Rubys schwarzes Fell zieht Hitze magnetisch an wie Auto-Blech. Tierarzt-Tip: Fell scheren! Frauchen schreit – und kommt mit der Gießkanne. Ruby duscht täglich dreimal und fühlt sich wohl danach. Nachts schnarcht sie auf dem windigen Balkon (im 3. Stock).

Ruby entdeckt auch den Schatten: Schwarze durchsichtige Flecken mit eingebautem Kühlschrank. Ruby wird zum Schleckmaul – sie leckt durchsichtige, eckige Knochen – Eiswürfel! Fünf Stück pro Tag.

★★★

Ruby wird zum Wachhund. Ruby kontrolliert akustisch mit Fledermausohren das ganze Treppenhaus. Wenn Herrchen abends vom Knochenverdienen kommt, trippelt Ruby hundert Stufen runter und schleckt mich schwanzwedelnd ab (eine Art Indianertanz). Wie ein Portier bringt mich Ruby heim (hoch). Gästen stürzt Ruby entgegen wie ein Schäferhund. Kurz vorm Zähnefletschen schnüffelt sie: Riechkontrolle. Weil Ruby alle liebt, dürfen alle rein. Ihr Schwanz wedelt nonstop.

Ruby, der Grill & „Sammys Geist"

Ruby hat die Grillwurst entdeckt. Und ich „Sammys Geist".

Frisch geduscht (mit Haarshampoo) war Ruby zur Grillparty eingeladen: Bei der reichen, gütigen Dobermann-Hündin „Kleopatra".

Elbchaussee, Park, Wald und ein Riesen-Grill: Hühnchenflügel, Scampi, Würste nonstop. Eine Knusperluft wie im Schlaraffenland. Abgefieselte Knochen türmten sich zu Pyramiden. Zweibeiner guckten glucksend und stöhnend Fußball-WM.

Plötzlich: Duell der Gebisse! Ruby gegen Kleo! Ruby wurde zur Bestie. Herrchen schrie! Da sah ich's ...

In Ruby steckt ein „Sammy". Krokodilfletschende Zähne, geifernde Augen, ein wedelnder Echsenschwanz. Herrchen-Panik! Geniale Idee: das Wurst-Opfer. Eine Grill-Wurst flog für jeden. Schmatzende Stille! Als Dessert teilten sich die zwei schwarzen Ladies runtergeplumpste Scampi. Typisch Elbchaussee.

Sind 180 Mark Hundesteuer gerecht?

Ruby Hood soll mehr Steuern zahlen.
Statt 120 Mark soll Ruby in Hamburg bald 180 Mark Hundesteuer zahlen! Okay, Ruby ist ein Profi-Hund, er hat genug Knochen-Knete (und pupst auch wild rum). Aber: Für viele alte Menschen sind Hunde die letzten Freunde. Ruby fordert deshalb: Hundesteuer-Freistellung für Rentner!

★★★

Einen Tag war ich weg. Ruby-los. Kein Knabber, kein Schleck.
Mein Auto bremst vorm Haus. Bellen im 3. Stock! Winseln! Kratzen an der Tür. Frauchen läßt Ruby runter. Wie ein Kamikaze stürzt Ruby über die hundert Stufen – springt an mir hoch, reißt mir das Hemd auf, tanzt wie Winnetou mit Batman-Ohrwascheln um mich rum. Mein Herz schmilzt. Hundelose Menschen wissen nicht, was ihnen entgeht an Treue, Zärtlichkeit und angefressenen Gardinen.

★★★

Ruby hat Jupiter-Gene. Ruby rast wie ein Komet (30 km/h) in Ellipsen durch den Park, fällt gütige Rentner an (wittert Hundekuchen in Hosentaschen) und raubt wie Ruby Hood Riesenhunden ihre Tennisbälle, Äste und Kauknochen.
Die Beute verscharrt Ruby unter meiner Bank. Ich stell' mich blöd. Aber Kinder haben mich verpetzt: „Der gehört dem alten Mann ..."

„Batman" Ruby verliert Baby-Haare

Ein Windhauch. Weit nach Mitternacht. Schwitzend wälze ich mich unruhig im Bett. Plötzlich: Ein gezackter Schatten am Fenster. Einbrecher? Vampire? Batman?
Eine schwarze Silhouette wie in Erz gegossen. Lange, steile, spitze Ohren über einem pechschwarzen Wolfsfell. Wie im Kino.
Es ist Bat-Ruby, der einsame Wächter, der schwitzend zum Mond winselt.
Ruby hat einen Hitzekoller. Mit 36 Grad gerbt die Sonne sein Fell

(nachts schwitzt sein Pelz mit 20). Seine schuhlange Zunge ist glitschig wie eine Freibad-Rutsche (Ruby ist Rechtsträger). Sein Kroko-Maul hechelt aufgerissen wie ein kaputter Staubsauger. Sein Pumperl-Herz pocht wie eine Wagner-Pauke. Und seine Schnauzer-Haare fallen aus ...

SOS! Tierarzt! Fehlalarm!

Haarausfall? Es sind nur „Baby-Haare". Ruby wird erwachsen!

Herz-Flimmern? Normal.

Haare scheren?

Nein. Sie wirken auch wie ein Kühlaggregat.

Aber: dreimal täglich eine Maß voll Wasser! Frischluft vom Balkon! Morgens vor 8 Uhr Gassi! Nur Schatten-Plätze! Schwimmen in Alster, Goldfisch-Teichen oder unter die Dusche. Und: viel gläserne Knochen (Eiswürfel).

Ruby macht drei Wochen Ferien

Heute war der schlimmste Tag in meinem 217tägigen Hunde-Leben!

Frauchen und ich müssen Ruby verlassen – für 3 Wochen!

Unsere Herzen schmerzen. Seit einer Woche rede ich auf Ruby ein. Auf die pflaumengroßen Augen, das grinsende Zahnfleisch, die kleinen, gespreizten Werwolf-Ohren.

„Ruby! Ich liebe dich! Aber einmal mußt du lernen, daß der Himmel nicht voller Knochen hängt! Ich muß auch mal Frauchen streicheln! Du kannst nicht im Jet-Frachtraum nach Bora-Bora. Aber du darfst als Schwiegerhund zu Schwiegermama (3 Hunde & 50 Goldfische). Jedes Knochenende besuchst du ‚Flachs' (Schäferhund-Mischling) und Frauchens Schwester (3 Hunde & 20 Pferde). Ich rufe dich jeden zweiten Tag an und belle mit dir."

★★★

Hunde-Liebe hat tausend Namen. Ruby hat acht Spitznamen:

„Mausiiiiii" (wenn Frauchen ganz lieb ist). „Besen" (wenn Ruby sein seidenborstiges Fell an Herrchen wetzt – auf dem Sofa). „Spanferkel" (wenn Ruby im Körbchen seine vier Haxen wegstreckt). „Braten" (wenn der gütig strenge Hausfreund Hans kommt). „Monster" (wenn Ruby beißend auf Gürtelhöhe springt). „LaStraMi" (wenn Frauchen Ruby reinrassigen Hunden vorstellt: Land-Straßen-Mix). „Purzel" (wenn Ruby ihr Beißbärchen mit der Nase über den Teppich stupst). „Rubens" (wenn Ruby wie Mona Lisa auf der Couch liegt).

Bell-Freiheit für Ruby!

Darf der Regen prasseln? Darf der Wind heulen? Darf der Blitz donnern? **Ja.**
Darf Ruby bellen? **Jein!**
Ein Skandalurteil erschüttert die „HRD" (Hunde-Republik Deutschland, fünf Millionen bellende Einwohner)! Ein Kölner Hunde-Haß-Richter hat entschieden:

- Absolutes Bell-Verbot: 13–15 Uhr und 22–6 Uhr.
- Längste Bell-Dauer am heulenden Stück: 10 Minuten.
- Gesamte Bell-Dauer pro Tag: 30 Minuten.
- Bei Zuwider-Bellen: bis 10 000 Knochen (Mark) Strafe.

Ein Justizirrtum! Typisch Zweibeiner! Denn Ruby & Co. sind schuldunfähig!
- Ruby hat keine Armbanduhr.
- Ruby ist ein Wachhund.

Sie ist genetisch gezwungen zu bellen. Wenn ein „Einbrecher" (z. B. Hausfreund Hans) um 22.01 Uhr klingelt, erwacht in Ruby ein Steinzeit-Reflex: Wau! Wau! Wau!
Ich werfe mich dann auf Ruby und halte ihr die wimmernde Schnauze zu. Sie guckt mich ratlos an wie die gestürzte Irmgard Schwaetzer!

- In der „HRD" gilt Bell-Freiheit (Grundgesetz, § 5, Abs. 1).
- Wenn Ruby & Co. wählen dürften, wäre ihre Hundetagsfraktion größer als die CSU und FDP! Ruby wäre vielleicht Vizekanzlerin …

Fazit: Bellen ist keine Störung. Bellen ist Natur. Und Natur darf man nicht verbieten.

Ruby: „Schade, Herrchen ist zurück …"

Ich bin wieder da. Unzerbissene Hände, unzerrissene Krawatten, heile Schnürsenkel. Drei Wochen hatte ich Ruby-frei. Es war schrecklich.

★ ★ ★

Ich hab' gelitten wie ein Hund. Kurz vorm Weinen haben Frauchen und ich Ruby voller Hundeweh angerufen: „Mauuuuus! Rubsy! Bell doch was …!"
Aber man hörte nur die nasse Stupsnase am Telefonhörer rubbeln – mit leisem Winseln.

★ ★ ★

Die Rückkehr.
Nachts. Im Dorf. Wir klopfen bei Schwiegermama. Scharfes Sheriff-Bellen. Aus Lady-Ruby wurde Rüpel-

Ruby. Tiefe Stimme. Schäferhund-Allüren.
„Was-wollt-denn-ihr-hier?"-Bellen.

O Gott, Ruby erkennt mich nicht mehr?

Ruby wurde zum Rudelführer. Seine neuen Fans: „Dutchy" (Jack Russell), „Leica" (Setter) und „Santo" (Schäferhund). Ruby war glücklich – ohne mich!
Ruby fremdelte. Hab' ich Rubys Herz verloren? Frauchen nicht! Ruby hat gepüscht vor Freude.
Mich guckt sie staunend an. Sehr geringe Schwanzwedel-Frequenz. Sie ist älter geworden, länger (?), schöner. Wie eine schwarze Mini-Sphinx mit weißen Pfötchen liegt sie vor mir.
Was denkt Ruby? „Schade! Herrchen ist wieder da!"?
Ist sie eingeschnappt?

Frl. Ruby trägt Keuschheitsgürtel

Die Natur hat Ruby mit dem Zauberstab berührt. Ein winziger runder Fleck im Körbchen. Ein großer Hunde-Augenblick.
Ruby ist zur Frau geworden! Halleluja! Nach 253 Tagen Herrchen-Dasein ist Ruby läufig. Ich werde sie vor spitzen Kötern beschützen wie Fred Feuerstein.
Denn Ruby ist die Jungfrau von der Rothenbaumchaussee. Sie kennt noch nicht den „Knochen der Sünde".

★★★

Ruby wackelt mit dem Po wie Iris Berben. Sie stöckelt zu angebundenen Hunden und reizt sie mit dem Parfum der Liebe. Dann verduftet sie – grinsend.

★★★

Herrchens geniale Idee: Ruby trägt einen Keuschheitsgürtel. Er schaut aus wie eine schwarze Mini-Lederhose mit Loch – wo's Ringelschwänzchen rausguckt. Weil es noch keine Hunde-Tampons gibt, trägt Ruby Mini-Slipeinlagen.

★★★

Aus mir ist ein mieser, mißtrauischer Rüden-Hasser geworden: Jeder gutaussehende Hund ist eine Gefahr! Ruby, die Unberührte, könnte sich ja verlieben. Hab sie nie aufgeklärt.
Hunde Hamburgs! Bleibt ja weg!

Ist Ruby schwanger?

Ich bin müd' und hungrig. Ich komme heim von der Arbeit. Ich

höre im Treppenhaus Rubys „Hallo Herrchen!"-Bellen. 107 Stufen später zwei grinsende Gesichter. Frauchen lacht, Ruby schmatzt und wirkt ein bißchen dicker!
Zwei Strolche allein zu Haus! Egal – ich freue mich auf den köstlichen Schmorbraten mit Soße und Knödeln von gestern (besser als „Augustiner" vom Faß).
Rubys Batman-Ohren wackeln.

Nein! Nein! Bitte nicht!

Ich hasse Frauchen. Ihre Stimme ist wie Samt: „Schmorbraten? Ruby hatte auch Hunger ..." Ich denke an die Scheidung.
Der nächste Tag – Gottes Strafe. 6 Uhr morgens. Ein Drache faucht im Schlafzimmer, Ruby hat Husten (lateinisch: Schmoritis). Gemein, aber heimlich freue ich mich. Jetzt grinse ich. Aus dem Fauchen wird ein Röcheln. Ruby übergibt sich überm „Spiegel" (Tschüs, Augstein).

★★★

Ist Ruby schwanger? Sie ist läufig. Eigentlich beißt sie die Männer weg – zickig wie Zsa Zsa Gabor. Aber Ruby war zwei Stunden beim leinenlosen Landrüpel „Hachs". Ruby ist Jungfrau – aber auf dem Land gibt's koa Sünd' ...?

Ruby sucht „Call-dog"

Ruby ist nicht schwanger! Rubys Keuchhusten war eine Erkältung. Aber Ruby ist heiß wie Sybille Rauch.

★★★

Ihr Liebes-Chanel macht Park und Treppenhaus irre. Jeder spitze Lumpi jagt Ruby. Im Haus jault's erbärmlich.
Ruby genießt's. Ihr Po wackelt wie der von Claudia Schiffer. Sie weiß nicht, was sie will, nur, daß sie will! Ich schütze meine Jungfrau immer noch wie Tarzan. Darf ich das?
Darf Ruby nie das tun, was sie alle tun? Ich hab's: Ein sterilisierter „Call-Dog"! Ein Rammler ohne Reue! Frauchen zeigt mir den Stinkefinger: „Ruby hat ein Recht auf Liebe."

★★★

8 Uhr. Park. Nebel. Atem faucht aus dem kleinen Eis-Drachen (angeleint!). Ich spähe: Gibt's spitze, schwänzelnde Strolche? Nein, alles frei! Nur „Cleo", eine sterilisierte Hündin, liegt im Dreck. Ungefährlich!?
Plötzlich: Sie umarmen sich im Sex-Clinch. Ruby steht ihre Frau wie das Pferd von Troja. Ist Ruby lesbisch?
Ich verstecke Ruby jetzt im Büro (10. Stock).
Ich kann nicht mehr!

Seit 281 Tagen quält mich eine unwissenschaftliche Frage:

Ist Ruby eigentlich ein kleiner Mensch?

Was dagegen spricht:

- Ruby hat Fledermaus-Ohren, Katzenhaare, Walroß-Gähnen, einen schweinischen Ringelschwanz und vier Füße.
- Ruby haßt Fernsehen.
- Ruby spricht sehr wenig.
- Ruby liest keine Zeitung.
- Ruby putzt sich nie die Zähne (wie Mao).
- Ruby hat keinen Kleiderschrank.
- Ruby geht nicht zur Arbeit.
- Ruby trinkt wenig Bier.

Was dafür spricht:

- Ruby versteht alles, was ich sage – und gehorcht nie.
- Ruby schläft auf dem Rücken.
- Ruby liebt Frauchen.
- Ruby ist Keks-aholic.
- Ruby steht in der Küche auf zwei Beinen – und guckt mit den Händen, was Frauchen kocht.
- Ruby will morgens nie aufstehen.
- Ruby haßt Einsamkeit.
- Ruby knutscht mit der Zunge.
- Ruby liebt Konserven.
- Ruby liebt Betten (Beweis: warme Mulden).

Leine Los!

Ruby ist entfesselt. Ich lasse sie wieder auf Rüden los. Ihr Sex-Herz ist geschlossen. Ruby blieb Jungfrau. Aber ...

Ruby riecht für Hunde-Nasen immer noch wie eine Wolke Chanel. (Sogar Hündinnen werden lesbisch.)

Plötzlich: Aus der Tiefe des Parks – ein Schatten, eine triefende Waschlappen-Zunge, ein Riesen-Schwanz: „Lucas", der Zorro des Parks. Ein Riesen-Schäferhund.

Ruby wird zum Gremlin. Fledermaus-Ohren! Sauer-Gebiß, Drachen-Fauchen. Ruby kämpft um ihre Unschuld! Ich auch! Wir fliehen. Wir hüpfen ins Auto. Die Türen schließen sich wie beim Eisschrank.

„Lucas" umzingelt uns wie ein Indianer. Das ist Liebe ...

★★★

Ruby wächst ein Nerz!

Ihr schwarzes Seidenfell schimmert wie Kastanie. Meine Hand versinkt streichelnd. Frauchen knurrt.

★★★

Ruby ist neuer Schweinsohr-Champion aller Gewichtsklassen. Sie hält den neuen Park-Rekord. Ein Schweinsohr in 3 : 30 Minuten!

★★★

Ruby liebt mich nicht mehr. Frauchen flog weg. Ruby übernachtete auf dem Balkon – aus Sehnsucht. Sie erwachte bei jedem stoppenden Auto.

★★★

Heinz Rühmann meinte: „Mein Anatol (zehn Monate) ist ein halber Mensch ..." Er spürte, daß Herrchen in den Himmel kommt.

Urteil: Ruby ist ein Mensch im Pelz, der Hund spielt.

★★★

„Angeklagter, erheben Sie sich aus Ihrem Körbchen! Legen Sie die Pfote auf den Knochen – und bellen Sie nichts als die Wahrheit ...!"

Ruby gähnt unschuldig. Wir spielen Knochen-Gerichtshof.

★★★

Ruby ein Umwelt-Ferkel! Ein Exkrementen-Monster! Grund: Ruby tut, was jeder Hund muß. Ruby macht winzige Würstchen.

Hamburg hat 750 Quadratkilometer Platz. Aber Ruby liebt den riesigen Straßen-Rasen um die Ecke (nicht immer, aber ... wie hundert andere Hündlein auch). Ein schnüffelnder Hausdetektiv hat Ruby erwischt – In-flagranti-Würsteli (§ 1000-noch-was). Der Rasen gehört der

lieben „Allianz". Der Konzern knurrt zurück. Er droht Ruby mit Anzeige! Goliath gegen David. „Allianz" (60 Milliarden DM Jahresbeiträge) gegen Ruby (120 DM Hundesteuer, aber Freund des Kanzlers)!
Muß Ruby in den Knast?
Auswandern? (Wir wollen eine Hundehütte auf dem Land bauen). Darf Ruby nie mehr müssen?
Die Wahrheit: Der riesige „Allianz"-Rasen ist die Lokalzeitung aller Straßen-Hündlein. Mit ihrer Nase lesen sie hier, was los ist. Wer da war.
Urteil: Ruby = unschuldig. Herrchen = unschuldig. Frauchen = schuldig (sie ist grad nicht da).

★ ★ ★

Frauchen hat mich verurteilt zum „Würstchen-Dienst". Klingt lustig, riecht übel.
Ich muß auf Rubys Popo gucken und eventuelle Würstel, die zart und zufällig dampfend auf den Allianz-Rasen plumpsen, entsorgen (weil Ruby ja keine Hände hat).
Endlich weiß ich, wie man den FAZ-Wirtschaftsteil nutzt (Aktienkurse).

★ ★ ★

Ruby ist der Straßen-Held. Alle Nachbarhunde solidarisieren sich mit „Ruby Hood", dem Rasen-Rambo, der für die grüne Freiheit kämpft.
Ruby wird zickig. Eine arrogante Nuß. Eine bellende „Madonna". Sie spielt nur noch mit schwarzen Rüden, die doppelt so groß sind wie sie. Sie ignoriert kleine Männer oder Welpen. Ich glaube, Frauchen hat sie zu sehr verwöhnt. Ihre neue Freundin heißt Anna, eine reiche Labrador-Hündin. Beide gucken an der Alster Millionärs-Rüden.

★ ★ ★

Ruby ist die ideale Wärmflasche. Ich lag fröstelnd auf dem Sofa – und wups! hupfte das schwarze Fellknäuel (ca. zehn Kilo, Schwanz und Nase am Stück) auf meinen Bauch. Wohlig, kuschelig, wie ein Kissen mit Batman-Ohren. Nur Rubys Fingernägel sind einen Zentimeter lang. Sie muß zur Maniküre (zu faul zum Laufen).

★ ★ ★

Homer, Aristoteles & Ruby – keiner weiß genau, wann sie geboren sind. Ruby hat bald ihren 1. Geburtstag. Vermutlich ist sie Schütze (November/Dezember). Aber was schenkt man einem Hund, der wenig spricht?

- Einen Tag der offenen Küchentür mit freiem Zugang zum Kühlschrank.
- Hundeparty im Park mit Wurst-Torte und einem Faß Milch (sonst verboten wg. Leck-Augen).

- Eine Nacht mit Herrchen im Bett und dem Video „Ein Hund namens Beethoven".
- Ein weiches echtes Lammfell für den Flauschkorb.
- Einen frischen, riesigen, knorpeligen, zarten Kalbsschwanz (Ochse splittert).
- Einen neuen Teddybären zum Schlachten, Augenausreißen, Naseabbeißen und Flauschrausziehen.
- Einen schweinischen Strandtag, an dem sich Ruby über jeden toten Vogel, schmierigen Fisch und stinkende Algen wälzen darf – ohne „Pfui"-Schreie.

Oder das irrste Geschenk, das ihr einsames Herz juchzen läßt und jede Mietwohnung sprengt?
Einen kleinen süßen Hunde-Bruder?
Nein! Stop! Mein weiches Herz dreht durch.

Ruby ist eine Hexe

Liegt's an den Fledermaus-Ohren? Liegt's an den katzigen Schnauzer-Haaren?
Liegt's am Hirnchen, das kleiner ist als ein Fingernagel?
RUBY HAT EINEN 6. SINN.
Beweise: Bevor mein Auto bremst, wedelt Rubys Schwanz im 3. Stock! Wenn ich anrufe, schleckt Ruby den Hörer. Wenn ich in die Kneipe will, merkt's Ruby schon vor mir und kratzt an der Tür.

Kann Ruby denken?

Nein, bei aller Liebe nicht! (Sie träumt nur von Würsten, Schweinsohren und Bullen-Penissen).

Kann Ruby hellsehen?

Ja. Denn Ruby ist ein telepathisches Medium. Die Hunde-These des Biochemikers Rupert Sheldrake: Ein unsichtbares Band verbindet den Hund mit Herrchen. Wissenschaftlich: Mensch, Tier und Pflanze haben ein „gemeinsames Gedächtnis" („morphogenetisches Feld").
RUBY AHNT ALLES!
Ruby ist ein telepathisches Wunder. Sie hat eine Standleitung zum Kühlschrank. Wenn ich esse, hat sie Hunger. Wenn ich Bier trinke, hat sie Durst. Wenn ich müde werde, schnarcht sie schon.
Fazit: Ich liebe eine Hexe.

Ruby im Schlaraffenland – die Nase voll Advent

Rubys Nase steckt im Schlaraffenland. Klingelingeling – die Luft duftet pervers nach Advent (Ruby riecht zweimillionenmal besser als ich).

Ruby ist zum Rubyklaus geworden. Sie genießt diese wunderbare Jahreszeit, die sie zum ersten Mal erlebt: Menschen sind plötzlich nett. Sie werden zu Streichelmonstern. Geschäfte sind knusprig. Die Welt wird gemütlich.

Ruby guckt jetzt sogar Fernsehen: „Kommissar Rex". Ruby hupft vom Sofa und guckt hinter den TV, wo's bellt (große knurrende Enttäuschung).

Frauchen meint: Ruby wünscht sich zum Nikolaus ein „blinkendes" Hundehalsband, wie es alle reichen Hunde haben. Ruby ist eine Lady. Frauen lieben Glitzerndes.

Und nur noch 28 Knochen bis Weihnachten ...

Rubys neues Baby: ein Kissen!

Ich bin ein Rabenvater. Zwei Monate habe ich mit meinem spitzen Regenschirm Rubys Unschuld beschützt (wie Prinz Eisenherz). Meine Ruby blieb Jungfrau. Und wehe, ein Lust-Strolchi hält um ihre Pfote an ... Aber: Ruby ist scheinschwanger! Sie rotiert in ihrem Kuschelkorb und liebkost ihr kleines Schlafkissen wie eine Barbie-Puppe. Ruby schlägt, streichelt, zupft, trägt hin und her. Rubys Mutterinstinkte glauben, sie hat ein Kissen zur Welt gebracht ...

★★★

Rubys Riech-Hitparade:

1. Gulaschkanone.
2. Butterplätzchen-Schüssel-Duft.
3. Fränkische Räucherwürste.
4. Süßer, dampfender Glühwein.
5. Bienenwachskerzen.
6. Nach Wald duftender Adventskranz.
7. Christkindlmarkt-Bratwürste.
8. Knuspriger Gänsebraten.
9. Knödel aller Art.
10. Alles, was stinkt.

Rubys 1. Geburtstag naht (1 Hundejahr = 15 Menschenjahre). BILD-Leserin Gertraud Bachmann schickte ein zauberhaftes Ruby-Tagebuch (alle Kolumnen nebst Uli-Stein-Cartoons). Rubys geringelter Schweinsschwanz wedelte wie eine elektrische Zahnbürste (eigentlich wackelte ihr Po wie Pudding). Aus Freude wollte sie schon ins Buch beißen.

★★★

Hatschiii! Gibt es Hundegrippe? Kann ich mein Herz aus Fell anstecken? Sollen wir ein Mäntelchen kaufen? Schühchen? Einen Glühknochen?
Frauchen grinst: „Ruby ist doch kein Menschchen ...“
Ruby und ich gucken uns an und blinzeln ...

★★★

Frauchen meint's ja gut, aber Ruby ist kein Müsli-Typ.
Bienenkerzen duften, „Jingle Bells“ klingelt von der CD, es riecht nach Glühwein ...
Aber irgend etwas stimmt nicht ...
Frauchen hat Keuchhusten, Triefnase, Tomaten-Augen. Und Ruby starrt wie ein Selbstmörder in den überquellenden Porzellantopf aus Flocken, Müsli und Milch.
Was ist los?
Frauchen: „Ruby ist krank! Sie wird immer dünner ...“
Ruby guckt mich an wie Witta Pohl und putzt sich ihr Schnäuzlein wie ein Eichhörnchen – und grinst.
Ich grüble: Waren's die zehn Butterplätzchen, die ich heimlich ...?
Quatsch! Ruby ist wie Herrchen! Ruby mag keinen Fisch, kein Öko-Müsli, keinen Salat, keinen pappigen Reis, keine Kartoffeln, keine Hungerflocken!
Rubys Schwiegervater ist Schlachter! Ruby liebt Fleisch, Knochen, Schweinsohren, Frikadellen und Filetsteaks.
Ich vernichte den Selbstmörder-Napf. Und ritsche, ratsche ist die Fleischbüchse offen. Ruby stürzt sich schmatzend in die spritzende Soße.
Ruby ist mein zweites Ich. Und Frauchen hustet.

★★★

Sie fliegt und fliegt und fliegt – Ruby muß ein Engel sein.
Ruby ist ein Engel.
Sie hat Flügel mit kleinen, fiesen, zärtlichen Krallen (Schrammen auf unserer Haut).
Zusammenstöße mit meinem Schutzengel, wenn ich heimkomme.
● Ruby bellt im 3. Stock (mein Hausmeister wacht auf).

- Ruby fliegt meinem Schlips entgegen (ratsch).
- Ruby fliegt aufs Sofa, bevor ich draufsinke.
- Ich schleiche ins Bett – und Ruby fliegt heimlich schon vorweg ... (pssst, Frauchen darf's nicht wissen).
- Morgens, beim Mantelanziehen, will Ruby mit. Sie fliegt an meine Ärmel wie eine Mottenkugel.

Ist Ruby ein fliegender Engel?
Hat Frauchen sie falsch erzogen?
Oder ist Fliegen Rubys Art zu küssen (nach dem ersten Biß schleckt sie)?
Menschen haben Münder und zwei lange Beine. Ruby muß abheben, um mich zu umarmen.

Gibt es Hunde-TV? Ja.
RTL hat mir das Vorab-Video „Weihnachten mit Willy Wuff" geschickt.
Ich bin eingeschlafen (Geschenke-Streß). Ruby blieb Popo-wedelnd wach.

★★★

Heiligabend fahre ich zur Mama (78) nach Regensburg. Ruby feiert mit Frauchen bei Schwiegermama. Weihnachten ohne meinen fliegenden Engel! Ich bin traurig ..., ungeleckt, ungebissen, unangebellt, streichellos. Bin ich ein Rubyholic?

Ruby, verzeih mir – ich bin fremdgegangen

Ich bin hunderttausend Ringelschwanzlängen weg von Ruby.
Ich feiere Heilige Nacht ohne Ruby (na ja, und ohne Frauchen). Das ist wie eine Weihnachtskrippe ohne – Baby, oder ohne Esel oder ohne Engelchen (Ruby ist alles).

Ich gestehe, großer Glühwein-Schwur: Meinem Herzen (groß wie ein Walkman) fehlt Rubys Herzlein (klein wie ein Plätzchen).
Aber: Ich hab' – endlich – ein Weihnachtsgeschenk (steht morgen unterm Baum): nein, keine neue 100-Meter-Leine, kein Maulkörbchen, kein Wintermäntlein.
Klingelingeling: ein „Himmelsdaunen-Bettkörbchen"! Es schaut aus wie ein seidenbezogener aufgeblasener Lkw-Schlauch. Wenn sich Ruby mit Indianertanz da reinschlängelt, heben sich die weichen Ränder wie schützende Kopfkissen. Prinzeßchen auf der Erbse.

PS: Liebe Ruby, ich war beim großen dicken TV-Star Günter Strack. Er hat vier Rubys!!! Ich hab' sie heimlich unterm Eßtisch gestreichelt, aber nur an dich gedacht ...

Die 10 Ruby-Gebote fürs neue Jahr

Seit 364 Tagen liebe ich ein kleines schwarzes Knäuel, das bellt. Ich sah Ruby zum ersten Mal Silvester vor einem Jahr, bei Hausfreundin Annie. Ruby war faustgroß. Die fingerlangen Beine knickten ein. Die daumengroßen Schlappohren hingen traurig runter. Liebe auf den ersten Biß ...

Ich bin ein Erst-Herrchen. Ruby hat mich verändert. Ich bin weiser, verantwortungsvoller und kindischer geworden. Ich würd' Ruby nicht für eine Million hergeben (für zwei vielleicht?).

Ruby ist im Festrausch. Ruby feierte 1. Geburtstag, die ersten Weihnachten und heute abend den zweiten Silvester! Hausfreund Hans schenkte Ruby einen „Mammut-Knochen" (50 Zentimeter lang, hält einen Monat) und eine „lebendige Kugel" (mit Minimotor). In Rubys Himmelbett-Körbchen liegen Plätzchen, Tannennadeln, Kerzen, geköpfte Nikoläuse, Lametta-Nester, gerupfte Engel und massakrierte Lebkuchen-Bären.

Meine 10 Ruby-Gebote für das neue Jahr:

1. Ich geh' jeden Tag um 7 Uhr Gassi.
2. Kraule jeden Tag deine Ohren.
3. Streichle keinen Hund neben dir.
4. Halte immer lange die Eisschranktür auf.
5. Du kriegst alle meine Nudelreste.
6. Schmeiße jedesmal im Park zehn Äste.
7. Im Auto darfst du auf den Beifahrersitz.
8. Ich schimpfe ganz selten.
9. Nie mehr kriegst du einen Popo-Klaps.
10. Ich werd' dich immer lieben (aber ich bin nur ein armer Hund).

Das zweite Jahr

Warum Ruby glaubt, daß das Paradies 1,20 m hoch ist ...

Prost! Ruby ist ein Jahr jung, friert, hat einen Ziehharmonika-Bauch und einen Mini-Kater!

Neujahrs-Erkenntnisse:

- Ruby mag Sekt! Beweis: Hausfreund Hans verschüttete beim Silvesterkuß aus einem durchsichtigen Napf sprudelndes Wasser auf die Terrakotta-Fliesen!
Das Schleck-Monster schlürfte mit seiner Waschlappen-Zunge die Sekt-Pfütze auf wie Harald Juhnke ... Zur Belohnung: ein Körnchen Kaviar (köstlich stinkendes Fisch-Plätzchen).
- Ruby haßt klirrende Kälte! Beweis: Wie ein Mix aus schwarzem Zobel und springendem Tennisball wieselt Ruby über die weißen Schneedünen von Sylt, um kleine schwarze, dampfende Würstelchen unter den kristallenen Mega-Pearls zu verstekken. Eine Blitz-Notdurft. Nach einer Minute kratzt ihre zitternde Kralle an der Tür ...
- Ruby glaubt, das Paradies liegt in 1,20 Meter Höhe! Beweis: Mit einem Ziehharmonika-Bauch streckt sie sich wie ein Pinguin krallend an jede Tischkante ...: Dampfende Spaghetti, knusprige Hendl, heiße Würstl. Rubys schnuppernde Staubsauger-Schnauze liegt lauernd überall wie ein kleiner Schweinskopf. Letzter Schock in der Badewanne: Ruby schleckt den Schaum weg ...

Fazit: Ruby ist ein grinsender Müllschlucker, der alles recycelt.

Rubys neuester Spleen – die Sofaritis!

Ruby zittert, verkriecht sich und haaaaaaart!
Ihr Himmelbett-Körbchen schaut aus wie ein Friseursalon. Mein weißer Bademantel ist schwarz. Frauchen saugt nonstop.
Ruby schuppt dünne schwarze Härchen.
Warum?
Kälte-Schock? Ruby haßt Winter. Bibbernd senkt sie ihre Blase auf den Schnee. Aber ich darf kein Mäntelchen kaufen (Frauchen-Verbot).

Büchsenfleisch-Allergie? Ruby verweigert den Napf. Lebt (heimlich) von Plätzchen, Würstchen und Herrchen-Gulasch.
Not-Fressen von Frauchen: Beinfleisch, Pansen, Kalbsherz und Vitamintabletten
Angst vor dem Unbekannten? Ich hab' eine schwarze Super-Taschenlampe gekauft (60 cm lang, sechs Batterien). Kaum heb' ich das Monstrum, kuscht Ruby und wieselt unter den kniehohen Glastisch, wo sie als Baby Pipi gemacht hat. Wovor hat Ruby Angst?

★ ★ ★

Ich gestehe: Ruby und ich haben ein Kommunikations-Problem.
Wie lieben uns! Aber sie frißt mich halb auf und kugelte mir beide Daumen mit dem Gebiß aus. „Pfui"-Schreie à la Tarzan reizen sie zur Mini-Bestie: ein Mix aus Fledermaus, Gremlin und Ministerin Nolte.
Akuter Spleen: „Sofaritis!" Ruby springt auf jedes Sofa, das sie sieht. Schwiegermama schreit, Hausfreund Hans schreit, ich schreie ...
Und Ruby haart ...

★ ★ ★

Zwei graue Haare! Wird Ruby alt?
Es kratzte um 5 Uhr früh. Rubys Körbchen steht im Schlafzimmer. Schlaftrunken öffnete ich die Tür, lasse sie raus ...
7 Uhr: Tatort Badezimmer. Ein kleines schwarzes Würstlein lag akkurat vor der Toilette ...
Schreien? Schimpfen? Loben?
Ruby ist krank!
Haarausfall, frißt nicht, versteckt sich unterm Glastisch.
Ich hab' Ruby gestreichelt!
Grund: Wie schlau ist Ruby, daß sie dort hinmacht, wo die Zweibeiner sich hinsetzen, wenn sie müssen.

Ruby (1) wird alt.
Beweis: zwei graue Haare zwischen den Schulterblättern (ich hab' 100).

Wie heilt man Rubys „Sofaritis"?
Mama (79) rief aus Mallorca an: „Laß vom Schreiner ein kleines Sofa machen, dann springt Ruby nicht auf die großen ..."

Warum hat Herrchen seit einem Monat kaputte Daumen?
Mein Arzt Dr. Diehn: „Ach, Sie sind ein neuer, großherziger, charakterschwacher Hundebesitzer?"
Ich nicke.
Arzt: „Sind Ihre Daumen lebendige Knochen?"
Ich nicke.
Arzt: „Alles klar! Die zärtlichen Zähne Ihres Hundes beißen in die Schwimm-

falte zwischen Daumen und Zeigefinger. Immer wieder. Dadurch entsteht ein unterirdischer Bluterguß! Sie haben einen unsichtbaren blauen Fleck."

Wer liebt, leidet ...

Der Hund bin ich!

Alle schimpfen, nörgeln, maulen: Du verziehst Ruby! Sie bettelt, lungert, nascht, zerreißt Strümpfe, Schlipse, Shorts, Bademantelgürtel. Hmmmmm!

Sie hat Sofaritis, ist faul, haart, schleckt, zerknabbert Hände, springt jeden an wie ein Känguruh ...

Na und? Ruby ist mein Hund! Ich bin auch so erzogen worden.

Trotzdem: Ab sofort gelten neue Ruby-Regeln:

1. **Kein Bissen mehr vom Tisch!**
2. **Strafschrei bei Knabber-Attacke.**
3. **Flugverbot über einen Meter!**
4. **Nie mehr Süßigkeiten!**
5. **Einen Tag Streichel-Entzug bei Zuwiderbellen!**

Brutalo-Herrchen kann bissig sein, hartherzig, grausam und gemein! Beweis: Die Maler streichen die Wohnung. Was plant Horror-Ruby?

Sie tapst in die Farbe, klatscht mit wedelndem Schwanz die frischen Wände ab. Leckt den Lack ... Stop! Hunde-Landverschickung – ab zur Schwiegermama ...

Rubyritis! Ich leide wie ein Hund

Der Himmel weint, die Wohnung gähnt. Das Körbchen ist leer. Mein weiches gemeines Herz blutet ...

Ruby ist strafversetzt zur Schwiegermama – Landverschickung, Umerziehung!

Ruby, das Sozial-Ferkel, soll endlich Schäferhund-Sekundärtugenden lernen. Nie betteln! Nie bellen! Nie mehr Bademantel-Gürtel zerbeißen!

Eine triste Woche. Überall liegen Gummiknochen, Hundeplätzchen und kleine schwarze Haare. Ich hab' schwere Rubyritis. Sie ist doch meine dritte Herzkammer, Frauchen ist okay, aber kein Hund ...

Mein Rubyweh ist zu stark. Ich fahr' aufs Land: Abgefressene Blumen, umgebuddelte Beete und das glockenhelle Bellen eines kleinen Monsters.

Ruby hat Schwiegermama besiegt. Ruby regiert das Haus.

Aber: Ruby haart nicht mehr, Ruby

frißt alles, zum Beispiel Gemüse, bettelt ein biiiiißchen weniger.
Wir liegen uns in den Pfoten. So können nur Zwillinge empfinden …

Ruby spuckt Blut …

Ruby kann nicht weinen, aber … Ich sitze bei Spaghetti und Bier. Plötzlich: Ruby – Hängeohren, X-Beine – tapst wie ein müder Elefant zum Balkon, kratzt, schubst die Tür auf – und verschwindet …

Ein Schrei: Frauchen entdeckt zwei kleine Häufchen! Ruby versteckt sich hinterm Vorhang.
Eine Horrornacht: Brech …, würg … Achtmal übergibt sich Ruby. Frauchen wacht die ganze Nacht. Herrchen schnarcht unruhig. Um 6 Uhr früh spuckt Ruby Blut …
Stirbt Ruby?
Gibt es einen Hunde-Notarzt?

Es ist Ernst! Frauchen trägt Ruby die hundert Stufen runter. Sie rast zu Dr. Jochen Becker, einem Pferde- und Hunde-Spezialisten. Im Wartezimmer eine Katze im Käfig (Sterilisation). Eine traurige Bulldogge mit Nierenversagen. Ruby zittert. Schlaffer Schwanz, hängende Schultern – ein Bündel Elend, das nicht weinen kann vor Schmerz …

Die Rettung. Der Doktor (guckt wie ein gütiger Phil Collins): „Ist das der Promi?" Ruby sagt nichts. Ruck, zuck: zwei Spritzen! Ein Zäpfchen in den Po! Diagnose: Schlimme Magenschleimhautentzündung. Ruby hat einen hypersensiblen Bauch (wie Herrchen).
Rubys Diät: Hühnchen mit Reis, Leberwurst mit versteckter Magentablette. Aber Ruby frißt nichts. Sie baut sich eine Art Friedhof hinterm Vorhang.

Ruby lernt Schlittschuhlaufen …

Gute News: Ruby ist wieder gesund: Frißt und bellt!

Böse News: Ruby ist trotzdem unglücklich. Ich auch.
Warum?

1. Unser frisch gelackter Parkettboden stinkt und ist glitschig wie Glatteis!
Ruby stakst mit ihren langen Krallen wie eine schlitternde Kati Witt durch die Wohnung. Nix zum Kuscheln, nix zum Knochen-Verstecken, nix zum Hinlegen. Ruby baut sich ein Korb-Hüttchen hinterm Vorhang.
Grund: Frauchen ließ den flauschigen Teppichboden rausreißen.

2. Ruby vermißt das Landleben! Den Wald, das Blumenbeet, die bellenden Kumpel, die duftenden Misthaufen, die unendliche Leberwurst von Schwiegermama ... Die City ist kalt, streng, menschlich.

Wie wird Ruby wieder glücklich? Frauchen zweifelt: „Sollen wir Ruby abgeben? Ist sie nicht geboren fürs Land?"
Ich brech' zusammen!
„Ich? Ich soll mich von Ruby trennen? Können sich Dick & Doof trennen? Nur über meinen Kadaver!"

Jetzt liegen wir uns in den Pfoten und streicheln uns. Aber es ist wahr: Ruby träumt nachts trampelnd vom Hunde-Paradies – ohne Autos, ohne Büros, ohne „Allianz"-Hausmeister.

★ ★ ★

Gestern waren wir im Stadtpark. Es regnete. Keiner war da. Nur Dick & Doof. Es war zum Heulen.

Wie Ruby fressend zum Bayern wird ...

Der nackte, lackierte, stinkende Holzfußboden ist besiegt! Frauchen hat einen Teppich gekauft (zirka drei mal drei Meter).

Ruby ist happy. Sie hat ihr Friedhofs-Körbchen hinterm Vorhang verlassen. Sie wälzt sich nonstop auf ihrer kuscheligen Liegewiese. Zu zweit gucken wir TV wie früher (leider gibt's „Rex" nicht mehr).

★ ★ ★

Ruby und ich haben einen Dick-&-Doof-Treueschwur geschlossen – gegen hängende Ohren:

1. Wir trennen uns nie!
2. Wir ziehen aufs Land!
3. In unseren Adern fließt ewig Leberwurst!

Gegen Rubys Stadt-Depression kämpfen wir mit der Aktion „Glück in der City".
1. Tat: Mein Weich-Herz kauft Geschenke: einen Lammfell-Teddy (12,80 DM), einen piepsenden Wurf-Ast (9,90 DM), einen wurstgefüllten Knochen (8,90 DM) – und eine quietschende Bierflasche („Bell-Stoff", 9,90 DM). Erfolg?
Belllllissimo! Ruby zerfetzt, häutet, entdarmt und amputiert den Teddy wie ein Wikinger.

★ ★ ★

Ruby wird mir immer ähnlicher. Sie liebt Leberwurst, Weißwurst, Würstl, haßt Fisch und Müsli, kriegt Bäuchelchen und hat sogar Schuppen wie ich ... Wird Ruby ein Bayer (wie ich)?

O Graus! Es wird Schnupper-Zeit. Die geilen Rüden tänzeln um meine Jungfrau. Aber: Es gibt ein „Hau-ab-Spray"! Eine Art Kampfgas gegen Sex-Monster. Oder muß Ruby doch unters Messer?

Warum ist Ruby auf der Welt?

Zum Strümpfe-Dehnen! Wenn ich morgens eingelaufene Strümpfe entrolle – zack: Ruby beißt in den Zipfel und zieht die Strümpfe wie einen Expander in die richtige Länge.
Zum Nudel-Entsorgen!
Bleibt auch nur eine Single-Spaghetti auf einem Tellerrand – schlürf: Rubys Schleck-&-Weg-Zunge frißt sie, als Herrchens Diät-Berater.
Zum Schuhe-Ausschütteln, Knochen-Verstecken, 6-Uhr-Morgen-Wecken, Bett-Anwärmen, Eisschrank-Bewachen, Einbrecher-Erschrecken, als wandelnde Mülltonne etc.

§ 218: Soll Ruby sterilisiert werden?

Dürfen wir Menschen Ruby das Schönste nehmen, die Bescherung der Liebe: 20–30 Babies?
Tierarzt Dr. Becker nickt traurig: „Es ist der beste Kompromiß."
Jäger-Freund Johannes schüttelt den Hut: „Nein! Du bist der faule Hund! Zweimal im Jahr kann jedes Herrchen einen Monat Ruby beschützen – vor dem Knochen der Sünde!"
Und Wenn Ruby schwanger wird? Frauchen (parteiisch): „Millionen reißen sich um Rubys Babies!"

★★★

Die Wahrheit: Ich hasse Schwiegerhunde! Keiner verdient Ruby. Sie haben lange Schwänze und kommen um die Ecke gebogen. Ich kenn' die Typen ...

Liebt Ruby *Playdog* „Flachs"?

Blinkende Wimpern, keuchendes Maul, schlabbernde Zunge, spitzer, kecker Po, und der Ringelschwanz wedelt wie ein Ventilator.
Ruby ist verliebt!
Der *Playdog* heißt „Flachs": viermal so groß, ein Schäferhund-Mischling (Typ leinenloser Landrüpel), großes Herz, ganz kleines Hirn, ein Mix aus langhaarigem Delon und hechelndem Schwarzenegger.
Eine Wochenendliebe.
Drei Kilometer vor „Flachs'" Auto-

bahnausfahrt hüpft Ruby wie ein Goldhamster im Auto, kratzt am Fenster, winselt.
Rubygasmus: Wie zwei Rennpferde jagen sie am Meer entlang, erschöpft liegen sie sich in den Pfoten. Feuchte Zungenküsse, aus Liebe steckt Ruby ihren Kopf in seinen Rachen. Dann schlafen sie im Holzkörbchen wie zwei Hufeisen miteinander.

★★★

Was soll ich tun?

Vorteile:

- Ich kenne meinen Schwiegerhund.
- Ich weiß, mit wem Ruby sich rumtreibt.
- Ruby ist glücklich als Frau.

Nachteile:

- Hat „Flachs" schon den „Knochen der Sünde" gezückt?
- Können sich David und Goliath lieben?
- Kein Hund ist gut genug für Ruby-Mausi. Oder?

★★★

Ruby hat am Meer ein Bleßhuhn mit gebrochenem Fuß gerettet. Ruby wollt's eigentlich fressen. Frauchen trug die unterkühlte und ausgehungerte „Blessy" zur Tierärztin ...

★★★

Ruby ist traurig. Das Bleßhuhn „Blessy", das Ruby mit gebrochenem Fuß gerettet hat, ist gestorben – Unterkühlung. Vor Traurigkeit wollte Ruby sie fast auffressen ...
Ruby ist eine treue Jungfrau. Sie ist ja verknallt in den raffinierten leinenlosen Landrüpel „Flachs" (ein Lauterbach-Typ).
Aber ein Alster-Mops (Sascha-Hehn-Typ) klebt wie Pattex an Rubys Po. Schnaufend, geil, mit Hausschuh-Pfoten und Asthma. So ein Schwiegerhund schnakselt mir nicht in die Hütte (gilt auch für „Prof. Brinkmanns" Boxer)!

★★★

Ich hab' mich beim Tierarzt angemeldet – zum Erste-Hilfe-Kurs für Hunde. Grund: Ruby lebt gefährlich! Stacheldraht, Ostsee-Wellen, tote Ratten, aggressive Killerhunde und Wettrennen mit Autos.
Nur als Hobby-Dr. vet. kann ich Ruby noch 15 Jahre streicheln ...

Adios, Ruby!

Das Herz wird mir schwer. Ich leide jetzt schon an Zärtlichkeits-Defizit. Ruby darf nicht mit nach Mallorca – nicht geimpft, zuviel Angst vorm Flugzeug-Bauch.

Ruby – ein hechelnder Wecker mit Batman-Ohren

Den Philosophen Kant weckte täglich um 5.15 Uhr der Ex-Soldat Lamm mit dem Schrei „Aufstehen!" ... Mein Wecker hat Zunge, Zähne und Batman-Ohren. Wenn um 7 Uhr mein „Braun" piepst, kratzt's am Parkettboden, es hechelt – und plötzlich liegen zwei Pfoten neben meiner Nase: Schleck! Wenn ich mich totstelle, gellt der grausame Schrei von Frauchen: „Hoppihopp!" Ruby hüpft in die Daunen! Mit den Krallen scharrt Ruby auf meinem Kopf! Liebe tut weh.

Eine Woche darf ich Ruby nicht mehr streicheln.
Was wird mir fehlen?

- Das Bellen im 3. Stock, wenn ich abends die Autotür zuschmeiße.
- Die spitzen Ohren des Beichtvaters, der alle meine Sorgen versteht, nie meckert und immer grinst.
- Der Morgen-Schleck des besten Weckers der Welt.
- Das Leberwurstbrot, das wir wie Zwillinge teilen.
- Der Spaziergang um 23 Uhr – wie zwei verliebte Nachtwächter.

Auf meinem Herzen liegt ein schwerer Knochen ...

★ ★ ★

Abschieds-Essen mit Ruby in Hamburgs bestem Restaurant: der „Schlachterbörse" (saftige Riesen-Steaks). Ein Schmatz-Paradies. Der Chef, Wolfgang Süsse, serviert unterm Tisch im Alu-Teller rohe Fleisch-

brocken. Eine Freß-Orgie: „Darf's noch ein Rinderknochen sein ...?" Morgen früh bringt mich Ruby zum Flughafen ...

Das zehrt! Herrchenlose Tage & Nächte

(von Frauchen)

Herrchen ist weg – eine Woche Mallorca. Sturmfreie Bude im 3. Stock für Frauchen und Ruby-Maus. Bilanz: beide abgenommen (abends kein warmes Essen, keine Zufallshappen von Herrchen). Morgens kein Leberwurstbrot (ohne Herrchen gibt's auch kein Frühstück). Beide unruhiger Schlaf (wo ist Herrchen?). Abends nur ein Leckerli (Herrchens Herz ist so hart wie ein Wattebausch).

★★★

Die 1. Nacht allein: Rubys Bett ist die Fußmatte vor der Wohnungstür. Sie wartet. Bei jedem stoppenden Wagen jagt sie hoch. Ihre kleinen Pfoten stehen auf dem Fensterbrett. Trauriger „Wieder nicht Herrchen"-Blick.
2. Nacht: „Komm doch ins Körbchen, Ruby ..." Nein! Ihr Bett bleibt bis Mitternacht die Fußmatte.
3. Nacht: Ich gebe auf. Stelle ihr Flausch-Körbchen an die Tür.
4. Nacht: Ich kann nicht mehr – Ruby darf im Bett schlafen. Pssst!!!!

★★★

Trost: Ruby hat eine neue Freundin – „Elly". Ein 19 Wochen alter Dandie-Dinmont-Terrier: zotteliges Kaschmir-Haar, kurze Beine, gerader Schwanz, reinrassig. Gegensätze ziehen sich an! Wie zwei Hip-hop-Tänzer poppen sie durch die Wohnung. Nach einer Stunde liegt „Elly" fertig in der Ecke. Aber Marathon-Ruby spielt weiter – dummerweise mit Herrchens Lieblings-Mafiabuch. Rubys Rache: Herrchen soll uns nicht allein lassen!

Ruby juchzt: Keine Sterilisation

Sechs Tage ohne Ruby. Ich war auf Mallorca, der Insel der traurigen Hunde, die nicht weinen können. Ob Ruby weiß, wie gut sie's hat?
Dann die Schlagzeile: „Deutscher Hund in China-Lokal geschlachtet ..." Ruby liebt chinesische Bratnudeln ...
Nackte Angst! Telefonat mit Frauchen: Alles okay. Ruby lebt.

★★★

Die Rückkehr: Tatzenkratzen am Marmor-Fußboden des Flughafens! Gejaule, Indianertanz, Krokodil-Grinsen.

Ruby rast, rutscht und hupft mir in die Arme – mit rotierendem Helikopter-Schwanz.

★★★

Frauchens schönste Nachricht: Ruby wird nicht sterilisiert!
Warum? Weil unser Tierarzt, Dr. Jochen Becker, seine Mischlingshündin „Helmut" auch nicht sterilisiert.
Grund: Zwanzig Prozent der operierten Hündinnen können mit 7–8 Jahren die Blase nicht mehr kontrollieren.
Auf Ruby kommt die Sünde zu – aber Babies gibt's keine! Sie kriegt zwei Monate vor ihrer Läufigkeit eine Anti-Baby-Spritze.

★★★

Ruby liebt Frühling. Sie springt, hechtet, schlägt Haken und wälzt sich wie ein Dreckschwein in den Park-Pfützen. Ein altkluges Kind fragt: „Ist das 'ne Kreuzung aus Jack-Russell-Känguruh und Hase?"

Angst um Ruby

Hat sie Staupe? Ein Schrei um Mitternacht!
Ich bin barfuß in die Spitze eines splitterigen Knochens getreten. Blut spritzt. Ruby reckt sich, wacht im Körbchen auf – und gähnt.
Der 1000. Schmerz meiner Liebe. Kann man böse sein? Wie ein Mix aus Sphinx und Panther liegt Ruby jeden Abend auf der 106. Stufe unseres Treppenhauses (Signal: 2x klingeln). Ruby schmachtet, Schwänzchen in der Höh', nach Herrchen, das humpelnd vom Knochen-Verdienen kommt.

★★★

Jede Schwanzneigung von Ruby, jede Kuschelstellung (z.B. beleidigte Leberwurst), jedes Körpergeräusch deuten wir verknallte Zweibeiner als Alarmzeichen.
Rubys Bauch knurrt wie eine Katze.
Ruby frißt nicht.
Frauchen hat Angst vor der Hundeseuche Staupe. Im Park ist ein Ruby-Freund dran gestorben.
SOS! Schwiegermama rast mit Ruby zum Tierarzt – geimpft, gerettet.

★★★

Ruby-Leserin Marianne Peer (Frankfurt/M.) warnt: „Hormonspritzen gegen die Läufigkeit?! Bitte nicht! Oder wollen Sie, daß Ruby Unterleibs- oder Leberkrebs bekommt? Wenn Sie Ruby wirklich lieben, dann passen Sie halt auf (z.B. mit Rüden-Fernhalte-Spray auf den Schwanz). Oder Sie lassen Ruby sterilisieren ..."
Frauchen rast schon wieder zum Tierarzt ...

Richtfest für Rubys Hütte

Die Sonne schien, das Bier floß, die Würstel dampften – und Rubys Brust schwoll an wie ein Luftballon. Richtfest für unseren alten Bauernhof zwischen Misthaufen und Meer. Rubys neues Reich. Stolz schnüffelte sie mit ihren Kumpels „Flachs", „Lady Santor" und „Tüte" wie eine Touristen-Karawane durch den daunenweichen Garten samt Bauruine.
Deftige Landluft, zauberhafte Schuttberge, muhende Monster-Hunde mit Hörnern (Kühe), grunzende Hunde (Schweine) und wiehernde Hunde (Pferde). Ein Paradies.
Ich sah's in Rubys braunen Augen: „Alles meins! Der ganze Dreck gehört mir!"

★★★

Aber wo ist Rubys Hundehütten-Villachen?
Zimmermann Plenge wird's schon richten: Ein kleines Fachwerk-Hüttchen (ca. acht Bierkisten groß) mit „Carpool" (überdachte Schatten-Veranda) und unverbautem Misthaufen-Blick.
Man gönnt sich ja sonst nichts.
Grund: Ich will Ruby zum Wachhund ausbilden (es wird Jahre dauern).
Schäumende Träume? Ich trank immer mehr gelben Saft aus durchsichtigen Näpfen. Ruby lag k. o. mit einem Zipfel im Schlund unterm Bierfaß – Würstchen-Rausch. Die Kühe lachten ...

Rubys Abenteuer

Selbstmord? Ruby springt aus dem Fenster ...
Ruby ist eine lebende Bratwurst. Sie liebt die Hitze. Sie grillt, ihr Fell aalend, in jedem Sonnenstrahl.
Ruby blüht auf, wird unruhig, mutig und gaga.
Tatort Flughafen: Wir suchen mit offenen Fenstern einen Parkplatz. Plötzlich der Horror: Ruby springt wie ein Delphin aus dem Auto! Hitzeschlag? Selbstmordversuch? Nein: Nur Sehnsucht! Ruby hat die glänzende Glatze von Herrchens Freund Sojo entdeckt! Frauchen schreit! Ein Taxi bremst! Ein Bus hupt!
Und Ruby grinst.
Ich, der ewig Schuldige, fang' sie.
Frauchen kocht: „Du mußt sie hauen! Nur durch Prügelstrafe lernt sie ..."
Wer? Ich? Mit meinem Leberwurst-Herz?
Ich blicke in Rubys braune Äuglein. Ihre Schlabberzunge tropft auf die Jeans. Ich hole aus ... Zack! Au! Meine Hand klatscht gegen's Autodach ...
Ein Gottes-Urteil.

Und Ruby grinst ... (Trotzdem patsch' ich ihr auf den Po, so wie man eine Barfrau schlägt.)

Blumenwassersucht

Ab 6 Uhr plätschert's bei uns: „Schlürf, gluck-gluck!"
Rubys Giraffenzunge schlabbert durch die Tulpen in den Schlund der schwankenden Blumenvase ...
Ruby ist süchtig. Ihr neues Lieblings-Gift: Blumenwasser – modrig, muffelnd, stinkig. Sie säuft's wie alten Rotwein. Warum? Dr. Jochen Becker, Rubys Privatarzt: „Es gibt keine medizinische Erklärung, zum Beispiel Nährstoffe. Schmutziges Wasser schmeckt einfach besser." Ruby mag halt kein frisch gezapftes Wasser.

Zipfel-Sucht! Muß Ruby zu den „Anonymen Leberwürsten"?

Ruby ist drogensüchtig! Indizien: triefende Schlabberzunge, schielende Augen, erigierte Ohren und wirres Grinsen.
Die Droge: cremig, rosa, leicht fettig, mit einem Riesen-Zipfel.
Diagnose: chronische Leberwurst-Sucht! Unheilbar?
Öffne ich den Eisschrank – Ruby ist da. Schmier' ich eine Semmel – Ruby ist da. Schwiegermama, das Weichherz, hat kapituliert: Leberwurst morgens – mittags – abends.
Einzige Rettung: Ruby und ich (auch süchtig) watscheln zu den „Anonymen Leberwürsten".

Leinen-Not

Ruby entdeckt den Biergarten („Alte Mühle"). Im Norden so selten wie Gletscher. Bäume! Büsche! Ein See! Blumenbeete! Ein Schnüffelparadies für jede Sau. Der Schock! Ein winziges Schildchen: „Hunde bitte anleinen!"
Ruby, Analphabet, juchzt! Sie buddelt Löcher, beißt Blumen ab, wälzt sich im See, apportiert Äste durch die Beine des bierbalancierenden Kellners ... Plötzlich die knurrende Stimme: „Ist das Ihr Hund?"
Welcher Hund?
Wie Petrus und Judas verleugne ich diesen Köter! Aber Frauchen beichtet: „Wir haben die Leine vergessen."
Der Kellner resigniert schmunzelnd: „Wer seinen Hund liebt, hat keine Leine ..."

Ast-Tod

Horror sticht in mein Herz! Alsterpark: 100 Hunde tollen. Plötzlich: ein gräßlicher Schrei! Eine Frau wirft

einen spitzen Ast trudelnd in die Luft. Ihr Hund fängt ihn mit offener Schnauze auf ... Die Spitze bohrt sich durch seinen Rachen. Er fällt, röchelt, verblutet, stirbt.
Ich halte Ruby ganz fest. Ich zittere. Ich schwöre: Jede Minute mit Ruby werde ich leben wie die letzte ...

Gastritis: Ist Ruby zu sensibel?

Früher war ich Egoist. Heute bin ich Sklave. Gekettet an ein Mini-Monster, das mehr Liebe braucht als ein Pottwal.
Ruby erzieht mich um: Ich lebe jetzt auch wie ein Hund.
Ruby haßt Sauna (im wartenden Auto will sie auch nicht schwitzen).
Ruby und ich hassen Oper (vier Stunden eingesperrtes Geschrei).
Ruby und ich lieben Kino (dürfen aber als Liebespaar nicht rein).
Ruby und ich lieben Kneipen. Aber wir müssen uns anleinen (ich an Frauchen).
Ruby liebt Luft, Natur und Dreck. Ich, der Leinen-Chauffeur, liebe Zigarren, Videos und Bücher. Noch nie war ich so blöd und gesund wie jetzt.
Fazit: Ruby ist glücklich ohne Luxus (außer Leberwurst). Ich spare Geld und gewinne Leben. Streicheln kostet nichts.

★★★

Ruby spreizt ihre Beine wie ein Dukaten-Esel. Sie zieht den Schwanz ein, legt die Ohren an. Der Bauch grummelt wie ein Staubsauger. O Gott: Ruby spuckt wieder Blut!
Vergiftet? Spitze Knochen verschluckt? Frauchen rast (via Telefon) zu Rubys Privatarzt Dr. Becker. Diagnose: Gastritis! Grund: Ruby ist zu sensibel!
Selbstvorwürfe: Streicheln wir zu wenig? (Nein!) Lassen wir sie zu oft allein? (Ja!) Als Single-Hündin zu einsam? (Ja!)
Die Patientin kauert sich zur Ringel-Wurst. Sie trinkt nicht, frißt nicht. Wir spritzen ihr Medikamente ins traurige Mäulchen. Sie liegt im Körbchen wie Lazarus. Voller Sorge schnarche ich ein ...
6 Uhr früh: Draußen zwitschert's, drinnen leckt's. Kroko-Zähne haben meinen Zeh entdeckt. Ein Schwanz wedelt.

Romeo & Ruby: Jaul-Ständchen unterm Balkon

Es jault unter Rubys Balkon. Klagend, bettelnd, herzbibbernd. Romeo? Harald Juhnke? Rex Gildo? Nein – es ist „Flachs", das größte Hunde-Herz Holsteins, Rubys bester

Freund – und potentieller Schwieger-Rüde (Schäferhund-Mischling). Sein Trieb schreit! Der Strolch will Sex! In Rubys Herz ist Vollmond. Zum zweiten Mal in ihrem Leben (1½ Jahre) wird sie zur Frau – sie ist läufig. Oder? Es ist Herrchens Horrorzeit! Ich muß meine Jungfrau vor dem Knochen der Sünde schützen, der schwanzwedelnd um jede Ecke biegen kann. Ich Macho hätte Ruby längst steril gespritzt, um ihr das Leid der Liebe zu ersparen (z. B. zehn Kinder). Aber Frauchen schützt Ruby: „Sie soll ihren Körper spüren …"

Ein erster Hunde-Fach-Freund: „Euch stehen die schlimmsten ‚sex' Tage des Jahres bevor! Ruby wird sechs Tage ‚stehen' …"

Der Schock: Ruby wird zur „Madonna" der Alster – „allzeit bereit". Soll ich sie sechs Tage einsperren?

Ruby geht zur Arbeit: ein Tag im BILD-Büro

Wenn Frauchen wegfliegt, tanzen wir auf den Tischen.

Frühstück: Zerschnippelte Leberwurst-Schnittchen für beide. Ruby liegt auf dem Sofa, ich davor.

Im Park: Mit rechts schmeiß ich 10–20 Äste, mit links lese ich die „WELT". Wenn Ruby dampfende Würstel brütet, benutze ich den Wirtschaftsteil.

Tiefgarage: Unsere sächsischen Pförtner winken mich durch, wenn Rubys Batman-Ohren aus dem Autofenster gucken: „Der Hund ist Ihr Ausweis." (Mich kennt kaum einer.)

Im Büro: Auswendig schnüffelt sich Ruby nach oben. Sie liebt die sechs Lifte (jeder stinkt anders). Ihre Augen drehen sich schon wie Plätzchen. Aus den Türen der Chefredaktion wispern helle Stimmen: „Rubylein, komm mal her …" Es gibt 4–5 Plätzchen-Türen (und die Küche). Weil Ruby ein Elefanten-Plätzchengedächtnis hat, kennt sie jeden Schrank mit den Keksdosen. Ruby rast los …

Mittags: Ruby wird schlecht. Sie liegt auf meiner Jacke, zerknabbert alte Zeitungen.

Nachmittags: Asyl in der Frauenredaktion (Not-Körbchen). Dreimal muß Ruby raus aus der Beton-Burg: Gassi mit den schönsten Frauen Hamburgs.

Unfälle:

Weil Ruby halb blind ist, glaubt sie, jeder Schlipsträger sei Herrchen. Sie rast los – und knallt in alle Glastüren! Bei Politikerbesuchen kratzt sie an der Tür – und hechtet auf das weiße Sofa des Chefredakteurs (der nie schimpft!). Kanzler Kohl hat Ruby sogar gestreichelt: „Weil sie so schön schwarz ist!"

Abendessen: Leberwurst, Spaghetti, Schweinsohren, Hundekekse. Ruby knabbert an Frauchens Hauspuschen. Wir gucken erschöpft „Kommissar Rex". Ruby kriegt geile Stieraugen – Sex mit Rex? Bis sich plötzlich die Tür öffnet und eine glockenhelle Stimme schreit? „Wie sieht es denn hier aus?"

Sex-Verbot: Ruby trägt einen Keuschheits-Tanga

Oft weiß ich nicht, was ich schreiben soll, weil Ruby ja nie spricht ...

★★★

Ich komme heim. Gruftige Stille: Nichts bellt ...!

Kein Hecheln im Treppenhaus, kein wedelnder Ringelschwanz, kein Indianertanz. Wo ist Ruby? Sie liegt wie Lenins Mumie auf dem Sofa. Zunge wie ein tropfender Waschlappen. Krank? Schwanger? Verletzt?

Frauchen säuselt aus der Küche: „Wir haben heute Fahrradfahren gelernt." Ruby ist k. o.

Ruby hatte Angst vor dem „Blechhund". Ist eifersüchtig.

Ruby jagte Frauchen wie ein Galeerensklave ...

★★★

Ruby trabte mit Schwiegermama zum Dressur-Derby – inkognito. Sie schlüpfte in das duftende VIP-Zelt. Plötzlich juchzt Olympia-Reiter Willy Schultheiß: „Das ist ja BILD-Ruby!" Vom Büfett gab's schmunzelnd Leberwurst-Schnittchen nonstop. Eine reizende Dame wollte Ruby sogar im Oldtimer mit zur Siegerehrung chauffieren.

Leider: Hunde-Verbot auf dem Turnierplatz.

★★★

Es hagelt Ruby-Verbote. Grund: Sie ist „heiß". Sie trägt ein sexy weißes Tanga-Stretch-Höschen (32 DM, Größe 3). Sie hat „Flachs"-Verbot (ihr bester Freund). Das Herz des Schäferhundes ist durchgeknallt, weil er sie roch. Sie hat auch Hausverbot bei Schwiegermama (zu viele Rüden).

Sie zieht den Schwanz ein. Kauert sich in die Ecke. Versucht, ihren Keuschheitsgürtel wegzubeißen. Und sie merkt, daß etwas ganz anders ist in ihrem Leben. Sie wartet auf den großen Knochen der Sünde. Ich bin ratlos.

Frauchen kauft ein Anti-Sex-Spray. Ruby ist plötzlich eine Frau, die keiner will. Blöderweise fliegen wir über Pfingsten weg ...

Würde ich für Ruby sterben?

Der Himmel weint. Blitze zucken. Wir sind allein an der düsteren Alster. Regen peitscht Ruby, das dreckige Ferkel, vorwärts.
Wir gehen zu bizarren Zeiten raus, zum Beispiel im Gewitter. Grund: Alle Rüden stürzen sich auf ihren heißen Po. Wie lange noch?
Plötzlich: Ruby hechtet in die Wellen! Paddelt strampelnd in die aufgewühlte Gischt.
Todesangst: Spring' ich auch ins Wasser – wie Tarzan, der Jane rettet?
Mein erster Gedanke: Ich muß Ruby rausziehen! Mein zweiter Gedanke: Ertrinke ich in den Fluten? Bild-Schlagzeile: „Herrchen tot! Ruby lebt!"?
Ich schreie! Ruby dreht wie ein Kutter um. Zwischen ihrem grinsenden Maul ein fauliger Ast.
Wie Donald Duck watschelt Ruby aus den Wellen, spritzt mich naß und zerfleischt das modrige Holz.
Ich spüre schaudernd, wie lieb ich dieses kleine Bündel Hund habe ...

★★★

RTL-Talkstar Hans Meiser liest „Ruby" gern, weil er seinen Golden Retriever „Taco" (16 Monate) genauso liebt.
Jetzt mußte er ihn töten lassen – einschläfern. Bitterer Grund: Sein überzüchteter Rassehund wurde bißwütig. Die Schurken sind die Züchter.
Ruby hat auch einen Golden-Retriever-Freund: „Purdy". Gütig, eskimotreu, mit einem Leberwurst-Herzen und dem zahmsten Gebiß der Welt.
Es ist der dritte Retriever von Herrchens Freund. Zwei hat er begraben unter einer alten Birke.
Das Wunderschöne: Jedesmal wuchs ein neuer Ast aus dem Baum ...

Ist Rubys Herz durchgeknallt?

Rubys Tarzan-Herz kennt keine Angst – außer:

- vorm Treppengeländer
- vor löchrigen Straßenrosten
- vor Schulranzen-Kindern
- und vor schaukelnden Schiffen.

Freunde luden uns ein auf ihre Yacht, weiß und groß. Matrose Ruby trippelte über den glitschigen Pier. Die Gischt spritzte. Der Matrose zog den Schwanz ein, legte die Ohren an und krümmte sich wie eine Katze.
Kapitän Herrchen packte den Deserteur und trug ihn aufs schwankende Schiff. Wie ein betrunkener „Popeye" torkelte Ruby übers feuchte Deck und schaute wie Ha-

rald Juhnke nach der zweiten Minibar.

Kein Baum! Kein Gras! Keine Erde! Als Ruby wieder Boden unter den Pfoten hatte, fuhr sie den Schwanz aus, grinste – und pinkelte erlöst.

Ruby ist mannssüchtig geworden. Ein Mini-Magnet in ihrer feuchten kalten Stupsnase sucht süchtig nach Herrchen.

Im Bad: Wie ein Trampolinspringer hüpft sie bissig an die Ärmel, den Gürtel – und nagt an meinen Zehen.

Auf dem Sofa: Sie kuschelt sich an meinen Bauch und schleckt meinen Puls, bis es kitzelt.

Im Büro: Wie eine Leberwurst liegt sie unter dem Schreibtisch, zwischen meinen Füßen.

Rubys Hormone tanzen Tango. Alles was nach Mann duftet, macht sie glücklich. Sie sucht den heiligen Gral der Liebe. Gibt es „Call-Dogs"?

Bettler oder Genie? Ruby spricht durch die Pfote.

Ein kleiner Hügel lag auf dem Teppich. Rest einer Freuden-Orgie: Hunde-Pommes frites, Ziemer-Zipfel, ein Stück Schweinsohr ...

Grund: Die „heiße" Ruby ist endlich wieder Hund – und keine lüsterne Frau mehr! Kein Keuschheits-Tanga, keine schwanzwedelnden Strolche.

Ist Ruby endlich erwachsen? (Frauchen kichert)

- Sie hat die „Zeigekralle“ ihrer rechten Pfote entdeckt.
- Beim Spaghetti-Essen streichelt sie mich am Fuß.
- Beim Frühstück tapst sie auf meine Hand.
- Wenn sie „muß“, stupst sie mich an, trippelt zur Tür – und wartet.
- Beim Wecken juckt sie mir in den Haaren wie Struwwelpeter.

Ist Ruby ein Bettelmonster? (Frauchen-Theorie)
Oder kopiert Ruby genial die Gestik der Menschen (z. B. Zeigefinger, Fernbedienung, Vogelzeigen)? Ruby „spricht“ mit Augenkullern, Gebiß-Grinsen, Dirigier-Stab (Schwänzchen) und seiner Kommunikations-Pfote. Ich versteh' alles, was Ruby will: LEBERWÜRSTE.

★ ★ ★

Nach der Sex-Quarantäne trauen wir uns wieder unter Menschen. Wir wollten auf zwei Konzerte: Justus Frantz und Rod Stewart.
Aber: Hunde-Verbot! Bellen stört. Macht nix. Denn bei Geigen winselt Ruby, bei Rock platzen ihr die Schlappohren. Musik ist menschlicher Lärm. Sie fährt ihre zwei „Spock"-Lauscher aus wie U-Boot-Rohre, die sich schaudernd drehen. Sie flüchtet in ihre Schall-Garage unters Sofa …

Hitze-Koller! Rubys Pelz hat keinen Reißverschluß

Ruby wird zur Brühwurst. Sie dampft. Ihre Zunge leckt wie ein Eimer. Ruby trottet wie ein Kamel. Die Sonne brät ihr Fell. Aber ihr Pelz hat keinen Reißverschluß.
Hitze-Koller! Sie liegt wie ein Spanferkel auf dem luftigen Balkon, in der Kreuzung von zugigen Türen, oder hechtet wie ein Selbstmörder in die Alster.
Wie rette ich meinen Pinguin vorm Hitzetod?
Dr. Irma Schütt-Mast (50), Tierärztliche Hochschule Hannover, warnt!
Gefahr 1: Sonnenbrand auf der Nase! Rote sind anfälliger als schwarze. Alarm: trockene Schleimhaut, Druckempfindlichkeit.
Gefahr 2: Ozon! Kreislauf- und Herzversagen. Alarm: Hecheln, Appetitlosigkeit! Gefahr 3: Dünnes und helles Fell ist empfindlicher als dickes und schwarzes.
Tip: Nur noch frühmorgens und spätabends Gassi gehen! Immer frisches Wasser geben! Bei Hitzschlag oder Bewußtlosigkeit den Hund sofort kalt abspritzen und mit Eisbeuteln kühlen.
Ruby trippelt in die kühle Küche, schleckt durchsichtige Knochen (Eiswürfel) und grinst.

★ ★ ★

Ruby ist verliebt – in mich! Nach der zweiten Geschlechtsreife ist sie Vollweib. Ihre Pfote streichelt meinen Arm. Sie kuschelt zwischen meinen Beinen. Sie vertreibt Frauchen vom Sofa und schleckt kitzelnd meinen Puls. Frauchen schmollt eifersüchtig. Sie hat die Last, ich die Lust …
Urlaub von Ruby? Ja. Auch mein Herz winselt …

Abschied von Ruby: Unsere Herzen winseln …

Es ist der Sommer der Tränen … Urlaubszeit ist Trennungszeit.
Rubys nasse Nase stupst mich immer zärtlicher. Ihre Mon-Cherie-Augen zerlaufen in der Hitze. Sie weint durch die tropfenden Lefzen. Sie hat

den sechsten Sinn. Sie spürt: Herrchen haut ab!
Ja: Ich gehe aufs Schiff. Nichts als glitzernde Wellen, gleißende Sonne, salzige Winde und eisiges Büchsenbier. Das ist die Hölle für Ruby: keine Wiese, kein Baum, keine Würstl, keine Parfüm-Oasen wie zum Beispiel Kantsteine. Eine schaukelnde Wüste ohne Pipi-Plätzchen.
Soll Ruby ins Hunde-Hotel?
Nie! In einen Luxus-Käfig?
Das zerreißt ihr winselndes Herz.
Wo ist ein Schutzengel für meinen Liebling? Gefunden: Schwiegermamas Paradies! Ein schattiger Riesenwald. Dichte Büsche wie im Dschungel und ein felsiger Teich mit „schwimmenden Würstchen" (Goldfische). Und vier Hunde, die Ruby (fast) alle lieben ...

★ ★ ★

Die letzten Tage mit Ruby sind eine Qual. Morgens hechtet sie wie Tarzan in die Alster, krault wie Franzi nach glitschigen Stecken und spritzt mich zärtlich an. Wir wackeln dann zu „Mau & Wau", Rubys Schlaraffenland: Röhrchen-Knochen mit Lachsfüllung (1,96 DM), Luxus-Futter (2,95 DM) und ein Bündel stinkender Rinderziemer.
Ich möchte sie happy machen, durchs Maul. Abends liegen wir auf dem Sofa in liebender Dick-&-Doof-Haltung: Ihre Pfote liegt auf meiner Schulter, ihre Schnauze auf meinem Handgelenk. Meine linke Hand streichelt ihren Rücken – wie Romeo & Ruby. Zum Heulen ...

Rubys Rudel ohne Führer – das Leben wird hart ...

(von Frauchen)

Ruby und ich sind vier Tage allein! Herrchen schippert mit seinem Freund Kapitän Mario auf der Adria. „Rubyhausen" ist führungslos.
Was wir uns vorgenommen haben:
1. Wir leben alle Tage gesund! Schluß mit Herrchens fetter Leberwurst und Nudeln mit Soße! Ruby bekommt Trockenfutter mit Ei (eine Art Hundemüsli). Und Frauchen ißt Salat. Motto: Wer's nicht mag, hat auch keinen Hunger!
2. Schlaf-Komplize Herrchen ist weg. Langschläfer Ruby muß früh raus! Bevor es heiß wird, joggen um die Alster.
3. Schluß mit Herrchens antiautoritärer Erziehung: Betteln am Tisch strengstens verboten! (Wer bettelt auch schon um Salat ...)
4. Wir machen heimlich früher Feierabend. Ab zum Badesee. Stöckchen und Seerosen jagen! Wie zwei Fischotter paddeln wir uns fit.

5. Rubys Körbchen bleibt nachts leer. Sie darf auf Herrchens Bettseite schnarchen. (Psssst!) Frauchen vermißt Herrchen so – deshalb Ausnahmegenehmigung.
6. Ruby darf einmal am Tag Herrchens Stimme am Handy hören. Frauchen vertraut Herrchen natürlich total … aber Ruby muß doch wissen, wo er steckt …
Wenn Herrchen zurückkommt, sind wir topfit. Ob Herrchen auch fit genug ist für uns …?

Ach Ruby!

Mein Herz heult mit dem Wind um die Wette.
Offener Brief an ein kleines Bündel Herz (halb Leberwurst).
Liebste Ruby!!!
Das Meer glitzert, der Wind heult und mein Menschen-Herz winselt. Ich bell's, wie's ist, ja, Du fehlst mir sehr – Deine zärtliche Pfote, Deine wissenden Augen und die Geborgenheit Deines Fells.
Ein Foto von Dir habe ich leider vergessen. Aber kann man Claudia Schiffer vergessen? Sicher – Dein Schnäuzchen ist etwas haarig, Deine Öhrchen sind etwas spitz, Deine vier Beinchen sind etwas schief, Deiner Brüste zu viele, und Dein Schwanz ist etwas krumm … Aber wer mit dem Herzen sieht, erkennt Deine Schönheit (ich glaub', ich halluziniere).
Hätte ich Dich doch mitnehmen sollen? Wenn ich an Dich denke, streichle ich meine eisige Bierbüchse und summe „Ruby, komm bald wieder …"
Nachts träume ich dann in der Bug-Kabine von Dir und knuddele mein Kissen ganz fest …
Mit Wuff, Winsel & Schluchz immer Dein H.
PS: Weil Du wenig liest und selten eine Zeitung zwischen Deinen süßen Zähnen steckt, wird Dir Schwiegermama alles vorbellen.

Zurück aus dem Urlaub – liebt Ruby mich noch?

Mein Herz pumpert. Erkennt Ruby mich wieder? Vierzehn Tage ohne mein Leberwurst-Baby sind wie eine einsame Insel ohne Frau.
Mein Auto bremst vor Schwiegermutters Garten-Paradies – Rubys Traum-Asyl.
Ich hupe … Sie bellt! Jault! Kläfft!
Ihre Pfoten fetzen den Kies weg. 50-Meter-Sprint! Ihre sehnsüchtige Zunge leckt meine braungegerbten Finger wie eine Verdurstende …
Wir fallen uns in die Pfoten wie Tarzan und Jane.

Ein Hund küßt durch Lecken. Ruby duscht mich mit ihrer Zunge. Ich bin naß vor Liebe. Aus meiner Tasche ziehe ich einen roten Stoff-Hummer. Ruby schnappt ihn, schleckt ihn und reißt ihm liebevoll ein Auge aus. Die alte Ruby! Aber irgendwie ist sie anders:

- **Sie ist schlanker (Müsli-Diät).**
- **Sie hat mehr Power (Garten-Joggen ab 6 Uhr früh mit vier Hunde-Kumpels).**
- **Sie stinkt nach Land, Wald und Meerwasser.**

Der City-Strolch ist eine Land-Lady geworden. Sie zeigt mir stolz ihr Tennisball-Versteck: neben dem Teich unterm Rhododendron-Busch.
Frauchen hüstelt: „Ich glaub', Ruby will gar nicht mehr weg hier."
Doch dann öffne ich den Wagenschlag. Ruby explodiert, hechtet in den Fond, thront auf ihrer Arm-Lehne. Sie liebt uns immer noch.

Ruby auf Sylt

Die Meerjungfrau flirtet am Strand und spielt Party-Löwe.
Ruby, der Klotz am Bein meines Lebens, hat seine Trauminsel gefunden: Sylt. Ruby ist kein Schickimicki-Playdog (ordinärer Findel-Mischling). Aber sie liebt das Meer, den Sand, den Wind und Parties, wo was übrigbleibt.
DER SAND: Ruby wetzt in die Dünen wie in den größten Sandkasten der Welt. Sie buddelt, durchschnüffelt Sandburgen, trifft am Hundestrand reiche Edelrassen – und alles FKK.
DAS MEER: Ruby hechtet wie Batman in die Nordsee-Brandung. Sie verfolgt mich wie ein Seenotrettungskreuzer.
DIE PARTY: Wir sind in den Strandtreff „Sansibar" eingeladen, zum 40. Geburtstag des berühmtesten Friseurs Deutschlands, Gerhard Meir. Ruby ist im Reste-Paradies: Fleisch, stinkender Steinbutt, spät nachts Würstel nonstop.
Ruby hat einen neuen Liebhaber: den weißen Golden Retriever „Purdy" (3), Bewohner einer schnuckeligen Reetdach-Hütte direkt am Watt. Wie Romeo legte er seine Tatze auf Rubys Schulter. Ruby, die Zicke, spielt eiserne Jungfrau (sie kennt leider noch keinen Sex). Am Abend saßen sie wie Dick & Doof an der Bierbar und knurrten zärtlich.
Fazit: Frauchen und ich haben uns wieder umentschlossen, Ruby doch nicht sterilisieren zu lassen.
PS: Ein süßer Brief von Dackelrüde „Timmy" (7): „Ruby, wenn man Dich an der Ostsee nicht an den Strand

läßt, komm zu mir auf die wunderbare Insel Wangerooge. Du darfst am Hundestrand den ganzen Tag im Sand und im Wasser tollen."

Müllschlucker Ruby

Krank oder überfressen? Ruby hat zwei Tage nichts gefressen!
Keine Spaghetti! Kein Hackfleisch! Kein Dosenfutter!
Selbst vor ihrem Lieblings-Schweinsohr saß sie wie Strack und gähnte rülpsend ...
Ist sie krank? Nein: Ruby ist ein schwarzes fettes Schwein! Sie hat sich durch zwei Grillpartys gefressen. Es regnete brutzelnde Würstel vom Himmel, Steakfetzen, Butter-Maiskolben, Nudelsalat – wie im Schlaraffenland. Hundert Menschen-Pfoten stopften mein hungerndes Baby voll.
Ich nahm Ruby in die Arme und knurrte ihr die traurige Wahrheit in die Batman-Ohren: „Du bist ein Müllschlucker!"
Frauchen seufzte: „Es ist viel schlimmer! Sie frißt kein HuFu (Hundefutter) mehr! Die Zicke ist zum Gourmet verkommen – und du bist schuld!"

★ ★ ★

Der neue Haus-Horror ist Rubys rechte Kralle! Sie kratzt plötzlich zu: Beim Aufstehen am Kopf. Beim Zähneputzen am Bein. Beim Essen am Arm. Beim Fernsehen liegt sie plötzlich kratzend auf meiner Schulter (Ruby thront auf dem Sofa).
Es ist die Bettel-Kralle eines stummen Monsters, das nur ein Lebensziel kennt: Essen, Trinken, Schnarchen (wie Herrchen).

Rubys Morgengymnastik

Ohren-Klatschen! Wenn Ruby aufwacht, wäscht sie sich nicht, duscht nicht, putzt kein Gebiß, sondern ...
Ruby reinigt sich durch „Ohrwaschel-Klatschen"! Es klingt wie eine kaputte Waschmaschine. Sie schüttelt ihren Kopf wie einen Mixer. Ihre Batman-Öhrchen klatschen wie Schuhplattler an ihr Köpfchen. Gleichzeitig streckt sie ihren Kaninchen-Körper wie ein Spanferkel am Haken.
Ruck, zuck: Ruby ist putzmunter und stakst mit ihren Montblanc-Beinen in die Küche und starrt in den leeren Napf ...
Meine Ohren-Theorie: Wenn Ruby nachts im Körbchen einnestelt, verstopft sie ihre inneren Ohrwaschel wie mit Korken. Morgens entploppt sie durch Ohren-Trommeln.

★ ★ ★

Gibt's Doppelgänger von Ruby?
Ja! Fans, sexsüchtige Rüden und verliebte Herrchen schicken Fotos nonstop. Ruby und Herrchen bedanken sich an dieser Stelle ganz herzlich für soviel Interesse und Anteilnahme und wünschen alles Hundeglück dieser Welt.

City-Ruby wird zur Land-Ruby

O Gott. Meine kleine Stadt-Lady Ruby wird zum Landrüpel. Ich hab' sie zu oft im „Moin-Moin-Land" in Ostholstein aufwachsen lassen. Der leinenlose „Flachs" hat ihr die wichtigsten Landsitten beigebracht.

- Hobby: Schwalbenschatten-Jagen. Wie Steffi Graf vor dem gegnerischen Aufschlag steht Ruby im Doppel mit „Flachs" und wartet auf Schwalben, die aus dem Stallfenster fliegen. Zugriff!
- Vorrat anlegen! In der Stadt ist Ruby die Diva. Der Boß. Vor wem sollte sie etwas verstecken? Außerdem hat sie ja mich, den Knochenverdiener Herrchen. Aber im „Moin-Moin-Land" lauern fremde Knochenklauer. Also: Alles, was stinkt, wird vergraben.
- Es wird gefressen, was runterfällt. City-Ruby frißt lange nicht alles. Dosenfutter? Manchmal. Pansen? Jein. Schweineohren? Pausen-Snack. Aber Land-Ruby verputzt plötzlich alles. Motto: Eher den Magen verrenken, als „Flachs" was schenken.
- Auf dem Land trinkt man Wasser mit Geschmack. Aus Pfützen!

Soll ich Ruby den Umgang mit „Flachs" verbieten? Ich bring' es nicht übers Herz. Sie wälzt sich extra für ihn jeden Morgen in „Eau de Stink" (Kuhfladen) ...

Winterschlaf? Ruby frißt wie ein Müllschlucker

Butter-Spaghetti dampfen. Bolognese-Sauce köchelt. Aber leises Schnarchen aus schwarzen Mini-Nüstern kräuselt die Luft ...
Ruby, die Mutter aller Bettler, sie schläft! Bei ihrem Lieblings-Essen! Krank? Überfressen?
Enträtselt: Ruby hält Winterschlaf! Morgens will sie nicht aus dem Körbchen. Abends schnarcht sie auf dem Sofa, während der Tagesschau (vor „Rex"). Sie hat ein Gähn-Gen wie Herrchen.

★ ★ ★

Ruby hat einen neuen Spitznamen: „Bröcklein". Hinter dieser verlogenen Niedlichkeitsform versteckt sich eine grausame Tragödie. Weil Ruby den Winterschlaf ahnte, fraß sie wie eine Wildsau, zum Beispiel Gummibären, alte Schweinsohren, fette Pommes frites, Putenknorpel, Gulaschsuppen-Reste, Toast Hawaii und Leberwursthaut-Zipfel ...

Ruby wurde zum Spuck-Vulkan! Vom Biergarten unserer Lieblings-Kneipe („Zum Weißen Roß", Bliesdorf/Ostsee) watschelt sie in die Bierstube, reißt das Maul auf – und entleert sich ...

Auf der Autobahn bei 180 km/h: Maul auf ...

Zu Hause, als es in Mururoa bumst, kriecht sie gebückt zum Balkon und reißt das Maul auf ...

Ruby ist ein übersensibler „K. o.-Brocken", der viel Liebe braucht und Leberwurst (oder hat sie einen Spuck-Virus?).

★★★

Ich wär gern Ruby. Denn sie ist naiv, unbekümmert, sorgt sich nie um morgen, denkt nur bis zur nächsten Ecke (Knochen) und ist wunschlos glücklich, wenn ich sie kraule, streichle oder mit ihr spiele. Rubys Lebensregel: Genieße nur den Augenblick! Du kannst nur einen Knochen auf einmal kauen (die lateinischen Hunde bellten früher: „Carpe diem!" – „Sorge dich nicht, pflücke den Tag!")

Das Tabu: Darf Ruby mit ins Bett?

Ich breche ein Tabu! Sieben Millionen deutsche Herrchen und mich quält bei Sonnenuntergang die grausamste Frage an ein weiches Herz: Darf mein Hund mit ins Bett?

Pfote aufs Herz: nein!

Aber wer jemals in die rehbraun schimmernden Äuglein von Ruby geblickt hat, mit winkenden Öhrlein und mit ihrer streichelnden Tatze, der macht Fehler.

Also gut: Rubys Körbchen durfte mit ins Schlafzimmer: Als ausgesetztes Waisenkind braucht sie die Nähe eines Mannes und die verhätschelnde Liebe einer Mutter (Frauchen).

Also gut: Als wir Rubys Lieblingsteppichboden rausrissen (jetzt glitschiges Parkett), war das Rubys Eintrittskarte auf alle Sofas und Sessel. Überall wo's weich ist, war ab sofort Ruby-Land.

Der schwerste Fehler: Wenn Ruby allein zu Hause ist, steht die Tür zum Schlafzimmer (Körbchen!) offen ...

Plötzlich gab es mysteriöse, warme Mulden auf dem Daunenbett. Ufos? Mäuse? Der Hausmeister?

Oder sollte etwa unser schwarzer Hase mit den Batman-Ohren heimlich ...?

* * *

7.30 Uhr: Der Wecker piept. Regnet's plötzlich? Ein Waschlappen streichelt mich ... Wie ein bettelnder Pandabär guckt Ruby über den Kissenrand und grinst wie Günter Strack ...

Na komm! Hoppi, hopp! Prinz Charles tut's ja auch! Und 80 Prozent der Deutschen ...

Ruby entdeckt Bayern – seinen Wursthimmel

Ruby brach zur ersten Expedition ihres Lebens auf. Sie besuchte Herrchens Heimat: Regensburg.

Ruby ist irgendwo am Meer geboren und dann ausgesetzt worden. Sie war noch nie in Bayern. Deshalb hatte sie zwei große Pflichten:

- **Ihre erste bayerische Wurst zu fressen.**
- **Zum ersten Mal Herrchens Mutter (80) zu beschnüffeln – ein „blind date".**

Der ICE braucht zirka sechs Stunden. Aber wo soll Ruby pinkeln? Also sind wir ins Auto und mit 140 km/h in den Süden. Ab 141 km/h zittert Ruby, weil sie eine eingebaute Radarkontrolle hat. Sie haßt schnelle Autos.

★★★

Ruby verknallte sich sofort in die Bayern, weil das Wurstaholiker sind – und überall Pellen übrig lassen. In der ältesten „Wurstküche" der Welt (an der reißenden Donau) purzelten ihr nonstop brutzlige Bratwürste von den Biertischen direkt in den Schlund ... Mein schwarzes Monster war im Wursthimmel.

★★★

Ruby sah meine Mutter zum ersten Mal. Ruby ist quasi ein Hunde-Enkel – ein „H-Enkel". Jetzt guckte der „H-Enkel" meine Mama an wie einen großen weißen Knochen mit seidig goldenem Haar. Sie lag in einem großen Bett und lächelte und streichelte das kleine schwarze Ding. Ruby schleckte die zarten marmorisierten Hände. Da haben sich zwei gefunden. Es war still, nur Rubys Schwanz wackelte. Als meine kranke Mutter dann schlafen wollte, sind wir leise gegangen ...

Freitags auf dem Wochenmarkt

Rubys Vorstellung ist oscarreif. Ist Ruby geschrumpft? Ihr Kopf ist dürrer, ihr Würstl-Bauch verschwunden und ihr Schwänzchen eingegangen ...

Zehn Tage war ich weg. Das Geheimnis: Im Gedächtnis des Herzens wächst das Liebste, das man nicht zum Streicheln hat. Als Ruby geifernd in meine Pfoten hüpft, wirkt sie leicht wie ein Engel. Nur ihr Fell stinkt nach Wirklichkeit – Heu und Mist.

★★★

Freitag ist Rubys Räuber-Tag! Sie darf mit auf den Wochenmarkt (trotz Verbot). Frauchen kann nicht nein sagen, weil er ein Paradies der Gerüche ist.

Wie zwei Räuber schleichen sich die beiden zwischen die Stände. Frauchen spielt „Single". Ruby spielt „streunender, verhungerter Köter". Weil sie einen eingebauten „Watte-Herz-Detektor" hat, findet sie die gütigsten Menschen und guckt sie an wie ein lebendes Skelett. Eine liebe Omi seufzte gestern: „Das arme Hündchen! Komm, ich kauf' dir eine Wurst ..." Plumps! Schnapp! Schleck! Ruby trippelt dann rülpsend zum Käse-Mann. Als inoffizieller „Markt-Staubsauger" frißt sie unterm Stand alle Käseecken der Probier-Stückchen.

Plötzlich: der Horror! Tausend Menschen und kein Frauchen! Ruby rast durch zweitausend Beine! Bis sie hinterm Baum ein zischendes Psst hört (so flüstern Komplizen) ...

★★★

Schnüffel-Premiere auf unserem kleinen alten Bauernhof am Meer. In zwei Monaten ziehen Ruby und wir ein. Ein neues Land-Leben beginnt! Voller Kuhmist, toter Fische und Gefahren ...

Ruby oder ich: Wer kriegt 'ne Glatze?

Sie fallen wie zärtliche Regentropfen ...
Plötzlich säumen kleine, schwarze Haare meinen Weg: Auf der Couch, am Anzug, im Bad ...
Ich bin 41. Es geht zu Ende. Fallen meine Haare aus ...?
Plötzlich dieses Grinsen mit Schwanzwedeln! Wie ein Blitz bohren sich meine Augen in das schwarze Monster, das mich so blöd anschaut ...
Wer kriegt hier eine Glatze: Ich oder Ruby? Ich packe das Vieh und greife in ein Wollknäuel. Ich bürste Haarbüschel aus ihrem Fell wie im Friseursalon.
Mit der Lupe untersuche ich Ruby. Ihre Haut ist ja weiß wie beim Schwein. Krank? Frauchen lacht uns zwei aus: „Ruby häutet sich nur. Sie kriegt einen Winterpelz ..."

★★★

Die Aktion „Bauer Ruby" läuft an: In acht Knochenenden ziehen wir auf unseren alten Bauernhof am Meer.

- Ein Ruby-Schutzzaun muß her: grüner Maschendraht rund ums Grundstück.
- Ist Ruby ein Wachhund, der Einbrecher verbellt? Akustisch ja! Aber lachen die Gangster, wenn sie Ruby sehen?
- Braucht Rubys Hundehütte einen Wärmeteppich? Einen Notnapf und einen Vorhang? Hundehütten-Architekten, bitte melden!

★★★

Hunde-Blödsinn der Woche: Dosenfutter soll Rubys Leben um ein Drittel verkürzen! Ich kenne einen Hund, der wurde 15 – nur mit Dosenfutter. Trotzdem: Ruby kriegt eine halbe Kalbshaxe zur Vorsorge. Frißt sie aber nicht ...

Zicke Ruby

Wie viele Halsbänder braucht eine Frau?
An unser Schlüsselbord passen keine Schlüssel mehr. Wie Urwald-Lianen baumelt hier „Kleidung" von Lady Ruby. Aber wie viele Halsbänder braucht eine Frau?

- Das Urband (feines Rindsleder mit vergoldeten Engadiner Kühen).

- Der bunte Mini (gestricktes Band in Regenbogenfarben, das an ihrem Hals etwas kneift, weil sie soviel frißt).
- Das Angeber-Band (Kampfhund-Ausführung für einen Rottweiler).
- Ihr „kleines Rotes" (ein seidenes Schnupftabak-Tuch für Partys).
- „Modell Ostsee" (ein selbst geknotetes rotes Segeltau mit Yacht-Karabiner).

Dazu die passenden Leinen, der persönliche Schraubanhänger mit Namen und Telefon-Nummer, ein versilbertes Info-Amulett und für offizielle Anlässe: die Steuermarke (z. B. Kanzler-Besuch bei BILD).

Hat Frauchen einen Mutter-Komplex oder Mode-Fimmel? Ruby ist sowieso am liebsten nackt wie Eva.

★★★

Die Katastrophe: Ruby haart immer noch wie ein vermottetes Pelzlager! Die Rettung: ein Haarkamm-Handschuh! Die Gumminoppen werden durchs rotierende Kämmen elektrisch aufgeladen und ziehen die Haare an wie ein Magnet.

Hunde-Geheimnis: Warum haben Mischlinge wie Ruby über den Augenbrauen zwei weiße Flecken? Lösung: Haushunde züchten sich selbst zurück in den wilden Ur-Zustand. Die weißen Punkte sind Tarnfarbe. Wenn sie schlafen, sollen sie auf Feinde wie „offene Augen" wirken, damit man glaubt, Ruby ist immer wach.

Jetzt reicht's! – Ruby hat ein Doppelkinn.

Wenn es Nacht wird, beginnt das Grauen.

Ruby beginnt zu zittern! Wie ein scheues Reh, das auf Dracula wartet, guckt sie ängstlich in die flitzenden Schatten von Autolichtern. Geister?

Ruby kriecht unter ihr Körbchen-Kissen, bibbernd.

Warum? Frauchen ist schuld! Um einen „Ruby"-Doppelgänger zu besu-

chen (für Bild WOCHE), raste sie mit Ruby nach Gera. 12 Stunden Auto-Folter (Stau, Flutlicht, vibrierendes Auto) – eine Geisterbahn.

★★★

Ich dusche Ruby mit Zärtlichkeit. Meine Fingerspitzen streicheln sie, kraulen ihren weichen Bauch. Aber Frauchen knurrt – wie eine eifersüchtige Katze: „Du hast einen Vaterkomplex. Ich fordere eine Streichelquote für mich!"
Weil ich ja zwei Hände habe, kraule ich meinen Harem synchron ...

★★★

Ruby wird mir immer ähnlicher: Unsere Eßgewohnheiten sind quasi identisch. Ihr Bäuchlein wächst parallel zu meinem. Aber jetzt reicht's!
Ruby hat ein Doppelkinn, fast wie Millowitsch! Das Wochenende ohne Frauchen war eine Orgie (zwei Dosen Leberwurst, Würstchen, Riesentopf Spaghetti – gerecht geteilt). Frauchen kürzt uns die Rationen ...

★★★

Hunde-Weisheit: Englands ältester Hund ist 20 – was ist sein Geheimnis?
1. Er geht nie an der Leine.
2. Regelmäßiger Tierarzt-Besuch.
3. Wechsel-Nahrung mit zusätzlichen Vitaminen/Mineralstoffen.

★★★

Frauchen krault jeden Morgen unsere Doppelkinne – wie die Hexe bei „Hänsel und Gretel".
Ruby und ich machen Zwangsdiät. Rubys Ration morgens: runde gefüllte Trocken-Snacks. Mittags: eine halbe Dose Rind/Leber/Niere mit bösartig viel Flocken und Magermilch. Abends: die Restdose oder die Restnudeln (ohne Soße) von mir ...
Plötzlich galoppiert Ruby wie ein Streber ins Büro – getrieben von einem teuflischen Hirn. Denn Ruby kennt drei Türen vom Schlaraffenland: die Keks-Tür, die Salamibrot-Tür und die automatische Büroküchen-Tür mit zwei Abfalleimern (Nudelreste, Hühnchen, Würstchen etc.)

Ist Ruby ein Genie?

Ich staune im neuen Buch „Die Intelligenz der Hunde" (352 S., 39,80DM, von S. Coren). Die Klügsten: Border Collie, Pudel, Schäferhund, Golden Retriever, Dobermann. Die Blödesten: Afghane, Bulldogge, Chow-Chow, Pekinese, Beagle. Und Mischlinge wie Ruby? Auch keine Bestien mit Superhirn.
Die News: Spiele entwickeln den Geist. Man kann so einen „intelligenten" Hund erschaffen – wie „Kommissar Rex" (8,34 Millionen TV-Fans)!

Ruby ist eine Spielmaschine – also ein Genie, das Gras wachsen hört, das Aufstreichen von Leberwurst und das Schnurren meines parkenden Autos.

★★★

Schock! Unser Leitungswasser ist bleiverseucht. Lebensgefahr für Ruby?

Einzelgänger Ruby

Einsam durch Stöckchen-Apportieren?
Es nieselt. Es ist kalt. Einsam steht ein Mann mit Regenmantel und Stöckchen im Park. Ein schlammiges Hunde-Knäuel springt an ihm hoch ... Das sind Ruby und ich. Keiner spielt mit uns.
Das weise Frauchen: „Durch Stöckchen-Apportieren wird Ruby kontaktunfähig! Auch Frisbee-Werfen ist eine Art Video-Spiel für Hunde. Sie werden zu Einzelgängern, hundescheu und drehen im Kopf durch!"
Traurige Tatsache: In der Dämmerung sieht Ruby an den Wohnungsdecken Schatten und glaubt, es sind fliegende Stöckchen oder Geister.
Jetzt gibt's eine Woche Stöcke-Pause – Resozialisierung.

★★★

Ruby hat zwei neue Spitznamen:
„Rubywitsch" – weil sie fast so dick wie Millowitsch wird.
„Geier-Ruby" – weil sie mit ihren Krallen die Strümpfe der Kellnerin unseres Stammcafés zerreißt (Rubys Art, um eine zweite Scheibe Wurst zu betteln).

★★★

Ruby und ich trinken nur noch „Feinkost-Wasser", weil unsere Wasserleitungen verbleit sind. Unser Öko-Mieter mit weißem Bart: „Säuglinge können lebensgefährliche Leberschäden kriegen." Wir haben Angst um Ruby ...

Geburtstag! Ruby wird 2 Jahre jung

Um 6 Uhr rumort's im Körbchen. Ruby hechelt, wedelt ihren Schwanz wie einen Scheibenwischer und fährt Schlittschuh auf dem gebohnerten Parkett ...
Dreht sie durch?
Oder ahnt sie's?
Unser Jägerfreund Johannes kraulte das überdrehte Monster: „Du hast doch nicht etwa Geburtstag ...?"
Ja! Ruby wird zwei Jahre!
Nur wann? Ruby war ein ausgesetztes Waisen-Baby. Geburtsspanne: Irgendwann im November ...

★★★

Das rührendste Geschenk: noch ein selbstgebasteltes Poesie-Album mit allen Ruby-Kolumnen und Hunde-Cartoons! Danke, Gertraud Bachmann (Bad Oeynhausen).

★★★

Frauchen fragt: „Wie wär's mit einer Hunde-Party?" Wir grunzen und knurren. Denn Ruby und ich feiern jetzt schon jeden Tag: Ich trinke ein Bier, und Ruby frißt eine Wurst – und wir gucken uns tief in die Augen ...

★★★

Ich bin 41, und Ruby ist jetzt zwei. Im Park trafen wir einen „Zwackel" (Zwergdackel). Er war 17! Und trug einen Stoppwintermantel.
Was ist das Geheimnis alter Hunde?

- **Ein Leben ohne Leine!**
- **Viel Schlaf und Gleichgültigkeit (nicht hinter jeder Ecke liegt z. B. ein Knochen).**
- **Herzenswärme zum Partner.**

Noch 15 Jahre werde ich also mit Ruby durchs Leben wandern (sie geht eigentlich wie eine Nähmaschine). Ich freu' mich auf jeden Tag ...

Ruby: Zum ersten Mal im Ausland

Ruby ist happy, aber fix und fertig. Wir feiern schon den ganzen November ihren 2. Geburtstag (Frauchen und ich streiten, ob unser Findelkind „Skorpion" oder „Schütze" ist). Ruby war zum ersten Mal im Ausland – im Elsaß. Aber sie bellt ja kein Französisch.
Rubys neuester Spitzname:
„Chien" (franz.: Hund). Denn in fast allen Hotels war Chien-Verbot. Bis wir ein ganz kleines fanden (mit 15 Mark Aufpreis). Die Besitzerin juchzte: „Der Chien sieht ja aus wie Bild-Ruby!"
Ich lüftete mein Inkognito: „Der Chien (Schieän) ist der echte Ruby!"
Die Frau grinsend: „Kann ja jeder sagen ..."
Ruby fuhr zum ersten Mal ICE in seiner neuen Spezial-Tragetasche mit bunter IKEA-Decke. Das Reisekörbchen spart 82 Mark! Aber: Ruby-Verbot im Bistro-Wagen: „Nix Chien!"

★★★

Ruby fährt jetzt in einem „Luftschloß". Denn Herrchen testet zur Zeit den neuen Luxus-Range-Rover 4,6 I-V8i (111 000 Mark). Wie eine Prinzessin lümmelt sie sich im Lederfond auf ihrer Wolldecke.

★★★

Hunde-Weisheit: Rubys lange Stadtkrallen werden auf dem Land nicht kürzer. Denn durch die weichen Böden wachsen sie sogar (in der Beton-City wetzen sie sich ab). Dann muß also der Tierarzt mit der Zange ran.

★★★

Gute Nachricht: Ruby hat einen Heiratsantrag von ihrem Double „Pico" bekommen. Eine gute Partie ...
Die schlechte Nachricht: Ruby ist zur Sterilisation angemeldet – von Schwiegermama ...

Ruby: Sollen wir sie aufschlitzen?

Jedes Streicheln wird zum Abschied.
Ich muß mich entscheiden: Soll Ruby zehn Babies bekommen? Oder soll sie für ewig eine Lady ohne Kinder werden?
Am 6. Dezember wird sie sterilisiert (das hat die böse Schwiegermama organisiert).
Verlier' ich das Liebste, was ich hab'? Ich kann Ruby nicht mehr in die rehbraunen Augen schauen. Wer bin ich, über ein Schicksal zu entscheiden?
Schlitzen oder nicht schlitzen? – Das war meine Frage.
Unser Trauzeuge Jaco: „Nein, das ist gegen die Natur!"
Unsere Freundin Ariane: „Quatsch, in drei Tagen ist sie wieder putzmunter! Rubys Seele verändert sich nicht!"
Unser Jäger-Freund Johannes: „Quatsch, ihr könnt doch zweimal im Jahr drei Wochen lang auf euer Monster-Kind aufpassen."
Sie alle meinen's gut. Und Ruby hat ja sogar ein Heiratsangebot von „Pico", einem tollen Hund, der alles geben kann – auch diesen großen sündigen Knochen, den sie noch nicht kennt.
Aber: Was wird aus zehn kleinen Ruby-Babies?
Wer nimmt Ruby, wenn sie läufig ist? Wenn sie nach Frauchen bellt? Und Herrchen ist in New York.
Jede Entscheidung ist falsch.
Aber Rubys Leben ist wichtiger als die Zukunft ihrer ungeborenen Babies. Der Tierarzt wird zwei zärtliche Schnitte machen – und wir werden nie mehr über Sex reden. Das ist traurig. Es bleiben ihr immer Spaghetti oder Leberwurst. Aber ist das ein Leben?

Eskimo Ruby

Überwintert sie im Daunen-Iglu? Unser Schlafzimmer ist Sibirien. Stechender Wind, eisiges Parkett!

Was soll ich Ruby zu Weihnachten schenken?

- Einen karierten Daunen-Überhang (tragen die Jagdhunde von Prinz Charles)?
- Ein Landhaus-Körbchen mit Schafsfell?
- Ein kleines schwarzes, süßes, adeliges Labrador-Baby? (O Gott, der Glühwein verpappt mein Hirn ...)

Unter drei kleinen Daunen-Hügeln bibbern wir der Dämmerung entgegen.
Grund: Frauchen ist Eis-Freak.
Ruby haßt Kälte. Sie ist ja kein Eisbär. Ich habe ihr einen Mini-Daunen-Iglu über ihr Körbchen gebaut. Jeden Morgen lugt sie durch das Loch wie ein Pinguin – und will nicht raus (ich auch nicht). Frauchen lockt uns dann mit Kaffee und Leberwurst ...

★★★

Jeder haßt mich, weil Ruby auf die Schlachtbank des Tierarztes soll: Sanfte Sterilisation mit zwei klitzekleinen Schnittchen. Frauchens Augen glühen: Rabenvater! Sozialschwein! Kinderhasser!
Ich will doch nur die ewige Pille für Ruby. Denn die Tierheime platzen schon – Bevölkerungsexplosion!
Denn spitze Struppis kennen kein Kondom.
Was tun?
Ruby-Fan Elfriede Fiedler (80) schreibt: „Lassen Sie ihr bitte die Fraulichkeit. Nach der Operation ist sie keine Lady mehr, sondern nur noch ein Tier mit vier Beinen und Fell – ein Hammel."
Hunde-Freund „Moritzlein" Lindner bellt: „Läßt sich denn dein Herrchen sterilisieren? Ich schwöre den Hunde-Eid, ein Ruby-Baby zu adoptieren. Tip, liebes Rubylein, verkleide dich einfach als Nikolaus."

Ruby wird zum Schneemann

Schnee liegt wie ein pulvriger Hermelin über Sachsenwald.

Plötzlich: ein schwarzes Etwas! Wie ein Wiesel rast, stöbert und fliegt Ruby durch die glitzernde Welt. Sie hat den Schnee entdeckt!
Ruby ist irgendwie eine Leberwurst-Fettschicht gewachsen. Sie friert nicht mehr. Mit ihrem Schäferhund-Freund „Santos" tollt sie wie ein Pinguin.

★★★

Die gute Nachricht: Ruby ist noch nicht sterilisiert (der Tierarzt hat Urlaub). Die schlechte Nachricht: Vor Silvester sollen die zwei kleinen Schnittchen reingeschlitzt werden. Die Tierschützerin, Frau Heiber, faxte böse: „Dieses Gesülze! Wissen Sie eigentlich, wie viele Tiere dahinvegetieren und unter schlechtesten Bedingungen leben, nur weil verantwortungslose Tierbesitzer sie sich unkontrolliert vermehren lassen?"
Ja.
Rubys Lieblingsdecke ist verschwunden: Kariert, von IKEA, aus Synthetik, für 20 Mark. Sie lag im Fond meines Autos. Am 1. Advent sind wir zwei um 10 Uhr früh Gassi gegangen. Plötzlich: Ruby hat geguckt, ich hab' geguckt: Mein Auto war gestohlen!

★★★

Frauchen ist zur Zeit in Indien. Weil ich Knochen verdienen muß, habe ich Ruby zur gütigen Schwiegermama gebracht. In Amerika gibt's jetzt ja sogar „Hunde-Kindergarten" (zu 70 DM pro Woche, inkl. Fressi). Jetzt wach' ich ganz allein auf – und kein Ruby weckt mich, schlekkend und kratzend.
Verdammt:
Ich kann ohne Hund nicht mehr leben!

Warum Schwiegerpapa für Ruby der Allergrößte ist ...

Zwei Ausgelaugte umarmten sich ...

- Frauchen sah aus wie Gandhi, kam aus Indien, hatte 40 Stunden nicht geschlafen.
- Ruby war überdreht wie Rumpelstilzchen, Bauchansatz dank Schwiegermas Leberwurst und stinksauer, daß sie eine Woche allein war.

Eine Gefühlsbombe explodierte: Ruby sprang Frauchen fast bis ans Kinn. Die knutschte juchzend zurück. Ich hatte mein Rudel wieder. Wir feierten unterm Adventskranz mit Glühwein – war Ruby zu süß ...

★★★

Streitthema Sterilisation: Frauchen wird weich! Sie krault Rubys 10 Busen und seufzt: „Das ist doch gegen die Natur!“ Ich nicke und nicke: „Fernsehen ist auch gegen die Natur.“ Nach Weihnachten wetzt der Arzt die Messerchen ... Oder?

★★★

Ich schenke Ruby eine Hundehütte! Aber der Schreiner hat keine Zeit! Aus Stein ist sie zu kalt. Aus Plastik zu blöd. Vielleicht geht als Übergangsgeschenk eine US-Hunde-Baseball-Jacke (43 bis 71 Mark?) Frauchen: „Dann laß ich mich scheiden ...“

★★★

Ruby darf nach Bremen – zu Schwiegerpapa. Der ist ein großer Metzger und Herr aller Würste. Er experimentiert auch schon mit „Ruby-Hundefutter“. Ruby liebt ihn fast mehr als mich (weil ihr Herz eine Wurst ist). Samstags gibt's 'ne Feier. Da fallen mehr Würstchen vom Tisch, als Schnee liegt. Ich kenn' das Ende. Ruby tapst wie Günter Strack ins Freie, öffnet ihren Kroko-Rachen und macht's wie Prinzessin Diana ...

Ruby zieht bibbernd in ihr Bauern-Häuschen

Noch einmal muß Ruby aufwachen ...

Um 6 Uhr früh kratzt sie am Bett. Es muuuuht. Es kikerikit. Der Fußboden ächzt. Der Wind pfeift. Die Heizung streikt.

Wir drei Rubys haben die erste Nacht auf unserem alten Bauernhof durchschnarcht! Frauchen und ich sind happy: duftende Kerzen, heißer Glühwein und ein kleiner, knisternder Kamin.

Aber für Ruby ist's der Horror.

1. Die flackernden Lichter jagen Schatten über die Wände. Ruby flieht untern Tisch oder baut sich ein Iglu aus seiner Decke und meiner Daunenjacke.

2. Der Steinfußboden ist für Ruby wie eine Schlittschuhbahn. Sie stöckelt fröstelnd wie Kati Witt durchs Haus und sucht warme Nischen.

3. Ein großer grüner Knochen ragt an die Decke – unser Christbaum. Ruby umzingelt die Fichte wie ein Indianerstamm, der dringend mal muß.

4. Unser Häuschen liegt an einer Kreuzung ohne Zaun. Ruby schlittert vom Garten direkt auf die vereiste Straße ...

Wir halten Kriegsrat: Ruby muß das Landleben langsam lernen. Wir bauen ihr Nester im Schlafzimmer (gefährliche Treppe), unterm Eßtisch (Schutz vor Schatten) und in der Küche (Heimat der Leberwürste). In diesem Dreieck muß Ruby das Glück finden ...

★★★

Wie ein Dieb schleicht sie plötzlich unterm Christbaum durch. Im grinsenden Maul baumeln ein Schokoladenengel und ein Strohapfel ... Ruby grast die Bodenzweige ab und schleppt sie in ihre Nester, um den Schmuck zu schlachten.

★★★

Rubys Weihnachtsmenü: Reste der Gans, Reste der Knödel. Und als Dessert zerbröselte Butterplätzchen und eine Extra-Marzipankartoffel. Leider kriegt Ruby kein Hundehäuschen zu Weihnachten, weil ich noch keins gefunden hab' ...

Ruby gibt der Gans vom Fest den Rest

Ruby schläft. Im Auto, im Restaurant, im Büro, auf dem Sofa, überall. Sie schnarcht sogar leicht. Ihre Augen sind wie Vorhänge halb zu. Ihre Ohrwascheln hängen wie ihr Schwanz. Ruby hat die erste Woche als Wachhund hinter sich ...

★★★

Heiligmorgen: Rot wie eine Orange geht die Sonne strahlend über der Ostsee und unserem kleinen Bauernhäuslein auf. Plötzlich rumpelt's! Ruby kläfft aus ihrem Schlafzimmerkörbchen und bellt so laut, daß fast der Feuermelder zuckt.

Des Rätsels Lösung: Gefrorener Schnee rutschte von unserem Reetdach. Unsere große Hundehütte ächzt, knarrt und zieht wie ein Hexenhaus.

Ruby, in ihren Genen ein Wach- und Jagdhund, muß alles kontrollieren und muß uns schützen. Sie hat mehr Streß als Vielflieger Genscher.

Heiligmittag: Unser Hausgeist Rainer (mein Bruder im weißen Bademantel) tapst schlurfend dem Glühwein-Duft nach zur Küche. Und Ruby bellt, stellt ihn, schnüffelt okay und schleckt seine Zehe.

Heilignachmittag: Ruby umrundet das verschneite Haus, setzt an jeder Ecke ihre Duftmarke und friert – zitternd, aber tapfer.

Heiligabend: Die Familie stürmt rein – mit Gasthund. Ruby bellt, beißt und geifert wie eine Hexe (sie verteidigt ihr neues Revier). Als Trost drei Geschenke: ein Holzdackel, ein Stofftier „Rex" zum Zerbeißen und ein Riesen-Spielwürfel mit Hundekuchen-Loch. Die Fotoblitze vertreiben Ruby ins Körbchen. Am Schluß frißt sie die ganze Restgans. Um 6 Uhr muß sie wieder raus: Kontroll-Schnüffel wg. Kuhmuhen ...

★★★

Silvester: Wie schütze ich Ruby vor den Knallern?
Sie ist sensibel, scheu und hat Angst vor Lautem und Grellem. Aber: Hunde haben eine genetisch eingebaute Schallklappe in den Ohren. Sie können ihr Trommelfell hermetisch abdämmen. Trotzdem: Wir drei Rubys schließen ein „Lärmschutz-Abkommen": keine Bomben oder Raketen. Stille wie in Sarajewo. Oder sollen wir Ruby doch bei der gütigen Schwiegerma' einquartieren?

Hatschi & wau: Hat Ruby das Nasen-Virus?

Endlich weiß ich, wofür ich lebe. Alles ist verschneit. Hinten am Meer ein winziges Licht: unser Bauernhäuschen. Die Reifen knirschen. Plötzlich: Ein schwarzer Schatten rast über den glitzernden Schnee ... Meine Ruby! Sie hechtet ins Auto, schleckt meine Brille vom Gesicht – und niest wie ein Dinosaurier!
Hat mein schwarzer Eisbär das Nasen-Virus? Ihr Fell ist kalt. Ihre Schnauzhaare funkeln wie Eiszapfen. Wir bibbern ins Haus und stecken Frauchen erst mal mit einem Grippe-Kuß an.

★★★

Unsere drei Nasen schniefen. Aber Ruby hat 220 Millionen Geruchszellen (Menschen nur 5 Millionen). Doch Hunde haben einen Schutzpanzer gegen Menschen-Viren. Vielleicht ist nur Rubys Körper und Immunsystem extrem geschwächt durch Eis-Spaziergänge, Glühwein-Geruch und Leberwurst-Exzesse. Grippe nistet sich bei Schwächlingen ein ...
Frauchen muß auf Dienstreise nach China und Sibirien: mit Thermo-Anzug und -schuhen. Braucht Ruby auch einen Daunenmantel?

★★★

Gestern 7.30 Uhr: Ruby und ich stapfen zitternd durch Schnee. Plötzlich kommt unser Nachbar, Herr Henk: „Ich kenne einen alten Schreiner, der gern für Ruby eine Hundehütte zimmert!" Unsere Äuglein leuchten ...

★★★

38 Grad minus in Sibirien! Plötzlich stand Frauchen wieder am Flughafen – wie ein bibbernder Eskimo. Ruby schlitterte mit ihren Krallen über den Marmor und sprang ihr fast an den Hals vor Freude – mit rotierendem Schwanz.

★★★

Schwanzologie: Wie Ruby lächelt

Kann Ruby denken? Nein. Aber sie ist ein Herz mit Ohren. Ihre Zunge ist der Schwanz. Sie kann damit sogar lächeln. Rubys Schwanzologie.

- Leichtes Wedeln: „Hallo, du magst mich, nicht wahr?“
- Breites Wedeln: „Ich mag dich.“ Oder: „Das gefällt mir.“
- Langsames Wedeln mit Schwanz auf halbmast: „Ich möchte wissen, was du meinst.“
- Ausgerichteter Schwanz: „Ich bin der Größte!“
- Schwanz horizontal: „Ich fühle mich entspannt.“
- Schwanz fast horizontal (aber nicht steif): „Vielleicht passiert jetzt was Interessantes?“
- Schwanz ganz unten: „Ich fühle mich nicht wohl.“
- Eingeklemmter Schwanz: „Ich habe Angst!“

Ruby genießt den schmelzenden Schnee. Die Winter-Melancholie ist weg. Sie zerbeißt morgens wieder meine Strumpfzipfel. Ihr Gänsemarsch-Gehen bricht wieder durch: Wo Frauchen oder ich hingehen – ruck, zuck, Ruby ist die Dritte im Bunde. Ruby verfolgt uns sogar auf die Toilette ... Ist das Liebe?

Rubys Sex-Orgie bei Schwiegerma'

Rubys zitternde Batman-Ohren steckten im Gartentor. Ihre Haselnußaugen guckten mir traurig nach. Die Autoreifen knirschten im Schnee. Im Rückspiegel verschwand das Zweitliebste auf dieser Welt ...

Ruby macht eine Woche Urlaub bei Schwiegerma', in dem verschneiten Häuschen im romantischen Sachsenwald (ich muß Knochen verdienen, Frauchen ist im Ausland).

★★★

Jede Nacht rufe ich an. Ruby bellt wie ein Bernhardiner ...
Sie wurde in eine rüde Sex-Orgie verstrickt. Bei Schwiegerma' leben vier Hunde (mit großem Zwinger und Wald-Auslauf). Zwei Männer: ein Jack Russel und ein Schäferhund. Zwei Frauen: ein Terrier und ein Setter. Terrier „Fukur" ist läufig, trägt ein Höschen. Und die Männer heulen die ganze Nacht erotische Songs.
Ruby kuschelt und balgt sich mit „Fukur", übernimmt die Düfte der Liebe. Plötzlich stürzen sich die geilen Männer auf meine Jungfrau. Schwiegerma' rettet sie: „Das kommt von deinen lesbischen Spielen ..."

★★★

Weil mein Herz bröckelt, hole ich Ruby ab und fahr' mit ihr zu Schreiner Franz (73). Er will ihr aus Eiche eine Hundehütte mit Reetdach schnitzen. Ruby wird vermessen wie ein Spanferkel: 50 cm Kopfhöhe (leicht gebeugt), Brustbreite 17 cm, Länge 60 cm (je nach Schwanzhaltung). Schock: Das Ding ist zu teuer! Frauchen am Telefon: „Du spinnst! Ruby braucht doch keine Villa. Du kriegst sie nie vom Sofa ..."

Eine Woche ohne Ruby: Himmel und Hölle

Ich war eine Woche wieder Single. Frauchen flog nach China. Ruby fraß die Leberwurstreserven von Schwiegerma' auf.
Ich war hundefrei! Erst war's der Himmel, dann die seelische Hölle ...

Der Himmel:

- Ich hatte gassifrei! Keine 600 Stufen täglich bei minus zehn Grad.
- Spaghetti-Schlürfen ohne Reue! Kein anklagender Blick aus rehbraunen Augen. Kein Pfotenkratzen auf dem Tisch. Kein Frauchen-Gesäusel: „Arme Ruby! Gibt das böse Herrchen nichts ab?"
- Seit zwei Jahren zum ersten Mal im Kino! „James Bond", „Ein Schweinchen namens Babe", „Showgirls" etc.
- Ich war verantwortungslos! In der Kneipe bis 3, Disco bis 6, Currywürste ohne winselndes Gewissen, Kartenspiel bei Hundegenossen, Autofahren ohne zitterndes Monster.

Die Hölle:

- Mein weiches Herz wurde hart und einsam! Kein Bellen, wenn mein Auto bremste. kein „Indianertanz", wenn ich die Treppe hochkomme.

● Die Stille in den Ohren schmerzte! Kein Tapsen der Pfoten. Kein Kuscheln im Körbchen. Kein knacksender Napf. Kein Alarm-Gebell um 5 Uhr früh.

● Ich hatte ein Zärtlichkeits-Defizit. Kein Morgenschleck von Ruby. Kein Frauchen-Kuß. Niemanden konnte ich streicheln – nur das Sofa.

Urlaubs-Fazit: Ohne Rudel gibt's kein Glück. Ohne mein bellendes Baby ist das Leben egoistisch teuer, ermüdend, und die Seele friert.

Kleine Knurrologie:

Wie Ruby mit uns spricht

Liebe ist ... zu tanzen!

Die Wiedervereinigung der „Rubys". Die Leute am Airport grinsten. Wir drei tanzten eine Art Liebes-Sirtaki: Frauchen blaß-gelb aus China zurück. Ruby mit Schwanzquirl und Doppelkinn, von Schwiegerma' gemästet. Und ich mit Augenrändern und Streichel-Defizit.

Liebe ist ... nachts wachzubleiben!

Blitz-Dienstreise. Um 3 Uhr klingelt das Telefon im Hotel: „Herrchen?" – „Ja, Frauchen?" – „Ruby kann nicht schlafen. Bei jedem Licht oder Geräusch im Treppenhaus rast sie aus ihrem Körbchen, kratzt an der Tür und wartet wie eine Sphinx, daß du aufmachst. Bei jedem Auto-Geräusch hüpft sie auf die Fensterbank." – „Soll ich mit Ruby sprechen?" – „Nein. Dann bekommt sie noch mehr Sehnsucht ..."

Liebe ist ... Rubys Knurren zu verstehen!

Wie Romeo und Ruby gucken wir uns beide oft an und versuchen, miteinander zu reden. Eine kleine Knurrologie:

- **Lautes Knurren mit verdeckten Zähnen:** Das macht mir Spaß!
- **Seufzen mit halbgeschlossenen Augen:** Ich bin zufrieden!
- **Leises Winseln:** Ich hab' Angst!
- **Lauter langer Winsellaut:** Bitte gib mir!
- **Keuchendes Schnaufen:** Los, gehen wir!

Es gibt noch einen geheimen Laut, den Ruby nur für Freunde hat: Aber der ist geheim.

Ruby wildert

Liebe Jäger, bitte nicht schießen!

Wie ein schwarzer Zobel fliegt Ruby hüpfend über die weißgefrorene Ostsee-Brandung. Ruby blitzt golden:

ihr neues, weiches Leder-Halsband! 8 Kupfer-Kühe reflektieren die Sonne. Das Geschenk einer schönen, reichen Frau aus St. Moritz.
Aber Rubys Gesicht verzerrt sich zur mörderischen Fratze. Die Kiefer wabern. Die Augen stieren. Wie ein Pfeil flitzt Ruby in die Uferböschung ...
Ruby folgt ihren Genen. Ruby wird zum Monster. Ruby jagt süße Häschen mit langen, schmusigen Schlappohren!
Ich schreie. Ich pfeife. Angst kriecht in mich. Liegen im Wald Jäger auf der Lauer? Knallen sie mit Schrot nach meinem Liebling?
Plötzlich ist Ruby wieder da. Keuchend. Mit dampfender Zunge und stolzem, dämlichem Blick. Das Häschen war schneller. Ist Ruby ein Bluthund? Später, beim Glühwein, am knisternden Kamin klärt mich das klügste Frauchen von allen auf: „Häschenjagen hat Ruby gelernt von ‚Flachs', dem streunenden, verliebten Schäferhund (unserem potentiellen Schwieger-Hund). Es ist ein Jagdinstinkt, den Hunde seit 14 000 Jahren haben. Als die Menschen begannen, Wolfsbabies zu domestizieren."
Steckt ein uralter Mörder in Ruby? Kann dieses Wesen töten? Frauchen: „Gesunde Häschen kriegen sie nicht – nur kranke. Das ist die grausame Natur."

★★★

Ruby-Brief der Woche: „Hast Du Deine Samtpfoten schon jemals in die tierischste Kneipe Hamburgs gesetzt? Tierliebe Gäste säuseln Dir Komplimente ins Schlappohr. Begrüßt wirst Du von drei kneipeneigenen Vierbeinern. Klein, wuselig und beißfrei. Hier ist der Hund der Herr! Zerre Dein Herrchen ins ‚Flickenschild' (Mundsburger Damm 63, Telefon 220 51 52)." Wir kommen!

Ruby hat eine eigene Meinung

Unser Häuschen am Meer wurde zum Iglu. 13 Grad minus. Heizung kaputt, Wasser eingefroren. Wir liefen rum wie die Kellys.
Ruby wurde zum Menschen. Sie hatte zum ersten Mal in ihrem kleinen Leben eine eigene Meinung! Sie gehorchte nicht!
Der Konflikt: Ruby sollte kurz vor Mitternacht raus zum Pipimachen (Kältegefühl minus 50 Grad!).
Ruby streikte. Sie erhob ihr intelligentes Köpfchen, starrte Frauchen an und legte sich wie ein Eisbär ins Körbchen. Ich war stolz auf Ruby (ich wär' auch nicht rausgegangen). Sie ist zwar ein Deserteur und Befehlsverweigerer, aber sie hat eine eigene Meinung.

★★★

Mein großes Herz ist schon so weich wie geschmolzene Leberwurst. Als Frauchen schlief, nahm ich meinen kleinen schwarzen Eisbären unter die Bettdecke (Fußbereich: großer Zeh).

★★★

Das Schönste am Sonnabend ist der Weg ins „Weiße Roß" zum Glühwein. Aber plötzlich hebt Ruby die rechte Pfote. Ein Glassplitter? Gebrochen? Nein: Sie friert. Ihre pelzige Ferse ist fast Eis. Soll ich ihr die Bierwärmer überziehen? Frauchen schimpft uns aus: „Ihr Stubenhocker! Ihr müßt die Kälte des Lebens kennenlernen!" Ich habe Ruby dann getragen ...

★★★

Ruby wildert an der gefrorenen Ostsee. Wird sie erschossen? Mein Jägerfreund Johannes: „Keine Angst! Wir müssen jeden Köter einmal verwarnen. Erst bei Wiederholungstätern dürfen wir schießen ..."

Ruby, die Liebe und Anthony Quinns Rat

Liebes-Knatsch zwischen Frauchen und Herrchen. Die Stille tat weh. Bis Unterhändlerin Ruby ihre zärtliche Zunge einsetzte. Sie schlich hin und her zwischen den murrenden Parteien und schleckte Händchen und Füßchen.
Am Schluß legte sie sich wie ein Verlängerungskabel zwischen die blutenden Herzen und wirkte wie ein Magnet: Wir drei nahmen uns alle wieder in die Pfoten.

★★★

Kurzurlaub nach Gran Canaria: Ruby darf nicht mit!
Gründe: 1. Sie ist ein bißchen zu schwer (6 Kilo). 2. Sie hat schon im Auto Angst. Im eisig klimatisierten Frachtraum würde sie sich totzittern. 3. Rubys fraulicher Po erhebt sich in wackelnde Claudia-Schiffer-Höhe. Keimt in ihr neue Liebes-Sehnsucht? (Kanarische Rüden würden sie bellend belagern). Wir legen Ruby in die gütigen Pfoten von Schwiegerma'.

★★★

Ich traf den großen Anthony Quinn (80), und wir sprachen über das zweitschönste Geräusch der Welt: das treue Bellen der Hunde. Er schwärmte von „Sindbad", seinem Deutschen Schäferhund, der im Meer schwamm und noch an den Füßen von Thomas Mann schnüffelte. „Sindbad" hatte einen Jungen gebissen und mußte in den Käfig – und litt: „Als ich von einem Film zurückkam, hatte meine Frau ihn ver-

schenkt. Es war, als hätte man mir ein Kind geraubt. Das Meer war nicht mehr dasselbe. Ich hatte meinen größten Freund verloren. Nach vier Monaten schlich ich mich zur Ranch. Ich wollte ihn nur sehen. Ich hörte sein Bellen, und mein Herz brach. Ich rief: ‚Sindbad'! Er kam, aber er knurrte. Ich bat ihn, mir zu vergeben. Er hörte mir zu. Ich fiel auf die Knie und weinte. Er knurrte. Ich hatte ihn betrogen. Er hatte eine neue Familie zu beschützen. Ich war gekommen, und ich war gegangen – und er war weitergezogen ..."
Quinn seufzte: „Vergessen Sie das nie, wenn Sie Rubys Bellen hören ..."

Ruby stinkt!

Abends ist die Zeit der weichen Herzen.
20 Uhr, Mondschein. Ich, der Bürohengst, bremse. Der Restschnee knirscht. Ich hupe. Die Tür springt auf. Im Lichtkegel eine schwarze Kugel, die auf mich zuschießt. Helles Bellen ist der Sound der Liebe ...
Ruby hüpft ins Auto. Sie schleckt mich ab und putzt ihre Pfoten an meinem Anzug. Plötzlich: Ich schnuppere. Riecht's nach Kühen? Eine Stunde später: Ich streichele. Stinken meine Hände? Ich wasche sie. Und streichele weiter ...
Liebe macht die Nase blind. Ich steck' sie immer näher an Rubys Fell o Graus: „Eau de Jauche".
Ruby hat Nachbars Kühe besucht. Sie duftet wie eine wackelnde Mülltonne. Soll ich sie duschen?
Frauchen lacht: „So riecht ein Landhund!"
Das Wunder der Natur: Nach drei Tagen riech' ich nichts mehr ...

★★★

Wir drei Rubys werden uns immer ähnlicher – unterm Kinn wölbt sich ein kleiner Hängebauch. Frauchen verurteilt uns drei zur Diät.
In Rubys Napf: geschnittene Mohrrüben, Hundeflocken und Wasser statt Milch. Ich: Bierverbot und Fisch. Frauchen: sieben Tage Körner.
Nach drei Tagen treffen wir uns in der Küche. Ruby schaut aus wie ein schleichender Schatten. Wir geben auf: Spaghettitopf mit Sahnesauce.

★★★

Soll man seinen Hund ausstopfen lassen, wenn er stirbt? (Kostet 500 Mark). Nein! Warum? Ein Ruby ist kein erlegter Grizzly. Ruby ist eine Seele, die mit dem Schwanz wedelt. Wenn der Schwanz endgültig sinkt, schlüpft die Seele in Herrchens Herz. Aber Ruby ist ja erst zwei. Noch 13 Jahre Glück.

Weint Ruby?

Ruby schleckt Schwiegerma's Finger – zärtlicher und länger als sonst. Rubys Rehaugen schimmern. Ihr Schwanz kringelt auf halbmast. Es ist schmerzlich still in dem Paradies der fünf Hunde …

★★★

Strahlende Sonne. Helles Bellen kläfft durch das kleine Haus im Sachsenwald. „Elli", der salamilange Kaschmirfell-Hund, und Schwiegerma' müssen zum Tierarzt. Sterilisation mit zwei zarten Schnitten. Es tut nicht weh, aber ein bißchen ist es ein Abschied.

Der Benz schnurrt vom Hof, und das Bellen der vier Resthunde ist in der kühlen Luft …

★★★

Der Tierarzt, Dr. Becker, lächelt. Die Spritze ist wie ein Mückenstich. „Ellis" kugelige Mon-Chérie-Augen rollen und schließen sich schläfrig. Schwiegerma' streichelt sie zärtlich in die Narkose. Nichts tut mehr weh …

★★★

Der Schmerz kriecht durch das Schrillen des Telefons. Die Stimme von Dr. Becker ist dunkel:

„Wir haben in ‚Elli' einen riesigen Tumor gefunden. Er frißt sich durch den armen Körper. Sie hat noch drei Monate, die ihr sehr weh tun würden … Es ist das beste für sie, wenn wir sie nicht mehr aufwachen lassen … Es tut mir so leid …"

★★★

„Elli" ist tot. Sie war 1½. Sie war voller Kraft, und ihre Zunge war ein Teppich der Liebe. Haben Hunde einen eigenen Himmel?

★★★

Ruby lebt. Und sie schleckt Schwiegerma's einsame Hände. Hunde weinen nicht.

Ruby, du bist der Hund der 90er

Flaschenpost an Ruby

Puerto de Mogan (27° Luft/19° Atlantik) – Blitz-Urlaub auf Gran Canaria. Wir dümpeln in einem weißen Boot („Glückauf") 97 km westlich der Sahara. Wir haben uns lange überlegt, ob du mitdarfst. Aber Kapitän Mario hat „no" gesagt: „Ein Hund braucht das Land wie die Wurst. Das schaukelnde Wasser gehört den Wesen ohne Beinen – den Fischen."

★★★

Aber wenn wir schaukelnd einschlafen, jault es nebenan auf einem Segelboot. Ein Mischling mit ausfallenden Haaren. Sein Reich ist nur 20 qm groß. Einmal pro Tag darf er an Land. Käpten Mario: „Später wird er wahnsinnig werden, wie so viele Boot-Hunde."

★★★

Schenken wir dich Schwiegerma', die um ihren krebstoten Kaschmirhund „Elli" trauert?
Vielleicht? denkt Herrchen. „Nein!" schreit Frauchen. „Wenn Ruby geht, gehe ich auch! Hunde sind keine Schröders."

★★★

Hier jault einem die Seele. Mischlingshunde streunen durch den Hafen. Sie sind verboten. Aber sie sind schlauer und stärker als die Polizisten. Weil die Natur sie geprägt hat, weil sie nicht überzüchtet sind.
Ruby, du bist der Hund der 90er! Ich wollte immer einen reinrassigen Golden Retriever. Aber der liebe Gott gab mir dich. Du bist ein Mix aus Jack Russell, Rennziege, Kroko, Osterhase, Vampir und Mutter Beimer. Deine Vorfahren waren Wölfe. Du bist ein Mensch.

180 000 Hunde weinen jedes Jahr!

Können Hunde weinen? Ich kam aus Gran Canaria zurück – und Ruby sprang 1½ Meter hoch mir in die Pfoten. Sein Schwanz quirlte wie eine Moulinex. Unsere vier Augen wurden feucht – vor Freude.
Aber es gibt auch Hundetränen.
Es ist die Zeit der traurigen Hunde. Wenn die Deutschen in Urlaub fahren, setzen sie jedes Jahr 180 000 Hunde aus (plus 380 000 Katzen). Diese Zweibeiner sind Schweine.

★★★

Die belgische Zeitung *Het Latste Nieuws* druckte den Brief eines weinenden Hundes ab (siehe nächste Seite). Mir kamen die Tränen ...

Spinnt Ruby? Hat sie Hunde-Wahnsinn?

6 Uhr früh: „Tschüs, ihr beiden!" säuselt Frauchen und schlägt die Tür zu.
Wir sind allein. Ruby grunzt. Ich grummele. Wir schnarchen weiter.
8 Uhr: Wir trotten in die Küche. Eine Leberwurststulle für mich, eine kleingeschnittene für Ruby (Snacks für den Tag). Welche Hundefutter-Dose kriegt Ruby? Mit Rind und Innereien?

Offener Brief eines Ruby-Freundes an sein Ex-Herrchen

Am Morgen bist Du sehr früh aufgestanden und hast die Koffer gepackt. Du nahmst meine Leine, was war ich glücklich! Noch ein kleiner Spaziergang vor dem Urlaub – hurra! Wir fuhren mit dem Wagen, und Du hast am Straßenrand angehalten, die Tür ging auf, und Du hast einen Stock geworfen. Ich lief und lief, bis ich den Stock gefunden und zwischen meinen Zähnen hatte. Aber als ich zurückkam, warst Du nicht mehr da!
In Panik bin ich in alle Richtungen gelaufen, um Dich zu finden, aber vergebens. Ich wurde immer schwächer von Tag zu Tag. Ein fremder Mann kam, legte mir ein Halsband um und nahm mich mit. Bald befand ich mich in einem Käfig und wartete dort auf Deine Rückkehr, aber Du bist nicht gekommen. Dann wurde der Käfig geöffnet. Nein, Du warst es nicht – es war der Mann, der mich gefunden hat. Er brachte mich in einen Raum – es roch nach Tod! Meine Stunde war gekommen. Geliebtes Herrchen, ich will, daß Du weißt, daß ich mich trotz des Leides, das Du mir angetan hast, noch stets an Dein Bild erinnere, und falls ich noch einmal auf die Erde zurückkommen könnte – ich würde auf Dich zulaufen, denn ich hatte Dich lieb!

Ich blicke in ihre treuen Kuhaugen. Ich reiße die Hühnchen-Büchse auf. Aber irgendwas stimmt nicht. Rubys Ohren sind schlapp. Ihre Körpersprache ist ängstlich. Draußen kratzt der Regen an den Scheiben.
9 Uhr: Wir fahren in den Park. Ruby wird zum Monster. Sie hüpft im Auto, springt mir in die Arme und winselt. Sie schießt wie eine Rakete in den Park und läßt „Bächlein" an ihren drei Stammplätzen ab. Plötzlich drehen ihre Pfoten durch. Sie häckselt ihre Duftmarken wie ein Rasenmäher in die regnerische Luft. Hat sie Hunde-Wahn?
Wir sind ganz allein. Im Matsch werfen wir Stöckchen, bis wir aussehen wie Saubären.
Plötzlich: ein Eisbär von hinten (eine Art Bobtail). Von rechts der schlaksige Schäferhund „Lukas". Gierig stürzen sie sich auf meine Jungfrau …
Ruby kläfft, beißt, knurrt und wehrt sich wie Prinzessin Diana.
Mein armes Mädchen: Sie ist läufig! Ich befreie sie wie Tarzan. Wir flüchten im Regen. Hinter uns Geschrei, Gekläff. Die vier Liebeswochen beginnen …

Ruby & die Polizei: Der erste Strafzettel

Das Paket ist knisternd grün. Heut nacht versteck' ich's unter Rubys Lieblings-Buche. Ein Geschenk für mein schwarzes Hunde-Häschen:
Ein Tchibo-Hase (14,95 DM) zum Augenausreißen, Schwanzabbeißen, Ohrlöffelzerfetzen und Bauchaufkratzen.
Denn was Ruby liebt, beißt sie.

★ ★ ★

Ruby ist vorbestraft!
Als ich vom Einkaufen zurückkomme, ragen ihre zitternden Batman-Ohren aus dem Autofond. Sie ist ganz aufgeregt, winselt, ihr Schwanz rotiert. An der Windschutzscheibe klebt ein weißer Strafzettel (wg. Parkverbot). Ich ärgere mich. Aber auf der Rückseite schrieb der (die?) liebe Polizist(in?): „Trotz des niedlichen Beifahrers! Mit freundlichem Gruß, Frohwien."
Warum kann Ruby nicht richtig einparken?

★ ★ ★

Ruby hat ihre Tage (Frauen-Wahn).
Sie ist läufig und hat ein Recht auf Sex, ich weiß. Ich wollte sie durch zwei zärtliche Schnitte sterilisieren lassen, aber Frauchen war dagegen, auch Onkel „Jaco" (der kluge Mann und Golden-Retriever-Besitzer, der in BILD auf Seite 2 die Sonnabend-Kolumne schreibt).
Also lebe ich mit einer Sexsüchtigen. Ruby hat sich gestern um 10 Uhr verliebt, auf dem „Allianz"-Rasen, wo ihr Stammbaum steht. Das Objekt: ein leinenloser Irish Setter, der ein bißchen wie Richard Gere aussah. Ruby, die arrogante Zicke, drehte Schwanzpirouetten wie eine schwangere Kati Witt. Sie kniete sich auf ihre Pfoten und legte den Kopf ins Gras (hundedeutsch: „Spiel mit mir!"). Plötzlich spürte ich: Ruby hat ein Recht auf Babies! Aber kann ich jeden heißen Hengst als Schwieger-Hund akzeptieren? Und was sollen wir mit acht Mini-Rubys?
Warum wird das Leben, wenn es am schönsten ist, immer komplizierter?

Ruby & Romeo: Ihr Herzchen pocht nach Liebe

Rubys Herz hat Flügel. Ihre feuchten Augen glitzern vor Sehnsucht. Sie kratzt an allen Türen. Sie steht nachts einsam auf dem Balkon und starrt in die Nacht wie Julia, die auf Romeo wartet ...
Sie will Liebe! Sofort! Ihr Popo wakkelt wie der Busen eines Sex-Stars. Es sind die vier schwersten Tage ihrer

Läufigkeit: Jeder Struppi, der will, könnte …
Aber Ruby hat Keuschheits-Arrest (weil sie ihr Hunde-Höschen wegbeißt, trägt sie jetzt als „Verhüterli" meine Boxer-Shorts!).
Sie hat extremes Zärtlichkeits-Defizit. Sie will nicht die Streichelhand von Herrchen. Sie will das „Original" – Sex wie „Rex". Mein Herz bricht …

★★★

Schreie! Gehetzte Blicke! Vorwürfe: „Du hast nicht aufgepaßt …!" 23 Uhr. Party bei Freunden. Ruby ist weg!
- Ist sie mit Labrador „Anna" nach draußen entschlüpft?
- Ist sie vom Balkon des 4. Stocks gestürzt?
- Hat sie sich ins Nachtleben der dunklen Parks gewedelt?

Frauchen starrt in die Dunkelheit. Bleich, traurig, wütend. Sie jagt die Treppe hinunter. Ihr Stimme gellt durch die dunklen Straßen: „Ruuuuuubyyyyyyy!"
Ich reiße alle Türen auf: nichts. Ich krieche unter alles: nichts. Ich schreie: Stille. Ich rase in die Küche: Kein Schwanz da!
Traurig nippe ich am Bier. Plötzlich juchzt Freund Kai: „Da bist du ja …" Ruby hatte sich im Schlafzimmer unterm Bett eingekuschelt. Sie gähnte und grinste wedelnd …

Ruby: Heirat zu dritt

Seit zwei Jahren leben wir drei in wilder Ehe.
Schluß! Ein Mann muß einen Baum pflanzen, eine Hütte bauen, einen Hund erziehen und seinen Finger in den goldenen Ring der Liebe stekken.
Tatort-Besichtigung: eine Kirche am Meer. Aber … Ruby ist ein Heide! Ohne Seele! Ohne Himmel! Eigentlich nur eine Leberwurst mit vier Pfoten.

Darf Ruby in die Kirche?
- Sie trägt einen Natur-Smoking oder schwarzes, kleines Abendkleid.
- Sie knurrt nicht, bellt nicht und könnte beim Singen mitwinseln.
- Sie könnte als lebender Staubsauger die gestreuten Blumen auffressen.
- Sie hat Samtpfoten, ist kirchenrein und könnte auch einen Brautschleier tragen.
- Sie ist Jungfrau und könnte den Brautstrauß schnappen.

Aber: Ruby ist angeblich ein Hund! Ein Nicht-Mensch. Ein Wesen ohne Kirchensteuer.

Aber haben Tiere keinen Gott? Gibt es in unseren Kirchen keinen Platz

Geniale Hunde-News:

Jetzt wurde ein revolutionäres „Hunde-Dressing" patentiert. Eine Art Super-Ketchup, in dem alles steckt, was die Rubys Deutschlands brauchen (für Zähne, Knochen, Gelenke etc.). Es wird in vielen Geschmacksrichtungen einfach über Trockenfutter und Essensreste geschüttet. Das „HuFu" der Zukunft? (Leider noch nicht auf dem Markt.)

für kleine pochende Herzen mit vier Beinen?

Geheimplan: Ruby wird wie Moses im Weidenkorb eingeschmuggelt. Oder klagend vor dem Kirchenportal angekottet.

Beim JA wird sie zu den Glocken heulen.

★★★

Ist Ruby ein Heiratsgrund? Ja! Denn sie ist ein ewiges Baby. Sie ist ein Magnet für Liebe, Verantwortung, Sorge, Lachen, Zärtlichkeit und Familiengefühle. Wir Menschen sind nicht dazu geboren, allein zu bleiben.

Schwanz-Krebs? Muß Ruby kupiert werden?

Wenn ich Rubys Schwanz sehe, blicke ich in ihr Herz. Er ist das Mikrofon ihrer Gefühle:

- Scheibenwischer-wedelnd: Ich bin happy.
- Geringelt, sanfter Moulinex-Lauf: Ich brauche mehr Liebe.
- Modell „Schaschlik auf halbmast": Keiner versteht mich.
- Modell „Ausgerollter Gummireifen": Ich bin traurig.

Aber meist ist ihr Schwanz happy, knallt gegen Türen, Mauern, Schreibtische, Damenbeine etc.

Plötzlich: der Schock! An Rubys Schwanzspitze klafft eine fingernagelgroße Mönchs-Glatze (wie auf Herrchens Hinterkopf). Jäger Johannes beruhigt: Abwetz-Erscheinungen. Einen Monat später: Die Glatze wuchert zur Mini-Wulst. Frauchen erschrickt: „O Gott!" Ich: „Es wird doch nicht Schwanz-Krebs ...?" Ihre Augen blitzen. Ich: „Wenn wir den Schwanz ein kleines bißchen abschneiden ..." Rubys Lieblingsknochen knallt mir auf den Kopf!
SOS-Anruf bei der Tierärztin. Ferndiagnose. Entwarnung. Das Krebschen ist nur Hornhaut.

Ruby sammelt Kekse für den Weltuntergang

Es bröselt im Bademantel. Es knirscht auf dem Sofa. Es piekst unter den Füßen.
Ruby hortet Hundeplätzchen für den Weltuntergang. Mit ihrer Nase hat sie ein Depot im Körbchen angelegt, in ihrem Lieblingssessel, unter den Gardinen.
Warum? Sie verweigert das Fressen! Selbst das schnalzende Plopp ihrer Lieblings-Pal-Büchse lockt sie nicht mehr in die Küche ...
Finaler Schwänzchen-Krebs? Sie hat eine abgewetzte, knorpelige Hornhautbeule am Schwanzende. Ihre Pfote kratzt mich nonstop: Hilf mir! Montag muß Ruby zur Schwanz-Therapie ...

★★★

Hochzeits-Streß! Ruby litt mit Schwiegerma' sechs Stunden lang beim Hochzeitskleid-Aussuchen. Blödes Pech: Ruby verwechselt die Kokosmatten der Luxus-Boutiquen mit Wiesen zum Bächlein-Machen ...

★★★

Ruby darf zwar nicht in die Hochzeitskirche, kommt aber trotzdem in den Himmel. Zitat des Papstes: „Auch die Tiere sind vom lebendigen Odem des Heiligen Geistes beseelt." Ich hoffe, Petrus reserviert ein Körbchen für mein Herz auf Pfoten. Ich schenke ihr zu unserer Hochzeit auch ein glitzerndes Silber-Halsband.

★★★

Warum bellt Ruby nachts wie ein Berglöwe im Treppenhaus, wenn ich heimkomme?
Die Hundeforscherin Feddersen-Petersen, Uni Kiel: „Wenn sich der Hund bei den Menschen wohl fühlt, bellt er das Rudelbellen. Es gehört zur artgerechten Haltung, daß er beim Bellen nicht eingeschränkt wird."
Liebe Nachbarn: Herzen auf, Ohren zu!

Rubys Gefühle: Sie grinst oder setzt ihren Schwanz auf halbmast.

Ruby und wir haben ein neues Auto: Audi Kombi. Endlich Platz für ein Extra-Körbchen! Endlich Ruhe vor der kratzenden Pfote und den bibbernden Ohren ab 140 km/h (Ruby-Zittern).
Aber Ruby glaubt, wir spielen Wettrennen. Ich öffne ihr gütig die Heckklappe. Sie hüpft rein. Ich schmeiß' zu, steig' vorne ein – und wer guckt mich grinsend an? Vom Beifahrer-Sitz? Ruby-Sau! Wie ein Känguruh überhüpft sie alle Lehnen! Stolz will sie wieder Arm-Kuscheln und Schnauze-in-den-Wind-halten. Jetzt kauf' ich ein Trenngitter!

★★★

Können Hunde lachen?
Ja, glauben Forscher. Sie gackern nicht wie Millowitsch. Aber sie haben eine Art „Spiel-Humor". Bei Freude können sie grinsen: Sie ziehen die Lefzen leicht hoch und lassen die Zähne blinken. Ruby zieht dann eine Schnauze wie ein verlegener Berti Vogts.

★★★

Der Tod hat Ruby berührt. Der Nachbar-Dressurhengst „Dior" (23 Jahre alt!) kippte um – Herzinfarkt! Der sexuelle Tattergreis wollte eine ausgebrochene Stute vorführen ...
Plötzlich hing Rubys Schwanz auf halbmast. Mit ihrem Kumpel „Flachs" schlich sie schlappohrig um den Stall der Leiche ...

★★★

Hat Ruby Schwanz-Krebs? Nein! Es ist auch keine Hornhaut-Glatze vom Anstoßen beim Schwanz-Betteln. Ruby hat Schwanz-Milben.

★★★

Feiert Ruby morgen Muttertag? Über dieses Thema wird in unserer Hütte nicht gebellt.

Rasender Ruby: Von der Polizei geblitzt!

Ruby stand auf dem Operationstisch. Sie zitterte wie ein Stoffhase mit Batterie-Herz. Aber dann trafen ihre ängstlichen Rehäuglein die gütigen Augen von Tierärztin Inka. Zärtliche Finger betasteten Rubys „Schwanzglatze": „Das ist kein Krebs. Das sind Milben." (Mini-Spinnen mit acht Beinen und stechenden, saugenden Mundwerkzeugen.)
Ich muß jetzt täglich Rubys Schwänzchen mit einer Geheim-Tinktur einschäumen, abduschen, fönen.

Heimlich drücke ich ihr Tabletten in die Leberwurst.

★ ★ ★

Ruby hat ab sofort Kuschelverbot im Auto! Die Beifahrerzone ist für sie eine Art elektrischer Stuhl! Grund 1: Ein OLG-Urteil: Wer mit dem Auto einen Unfall verursacht, weil der Hund ihn behindert hat, kann den Versicherungsschutz verlieren. Grund 2: Frauchen wurde geblitzt. Sie konnte sich nicht mehr rausschwindeln. Der Polizist am Telefon: „Haben Sie lange dunkle Haare und einen kleinen schwarzen Hund, der so komisch grinst ...?" Ruby ist jetzt vorbestraft.

★ ★ ★

US-Forscher sind sicher: Hunde haben ein Bewußtsein und eine Intelligenz!
Quick-Test: Legen Sie ein dickes Brett auf den Freßnapf!
Naive Hunde kratzen mit der Pfote dran. Kluge fahren mit der Schnauze drunter und drücken es hoch (das Ergebnis des Ruby-Tests wird nicht veröffentlicht). Ich will keine Intelligenz-Bestie, sondern die Klugheit des Herzens.

★ ★ ★

Zum Vatertag gab's für mich und Ruby Hochrippe vom Bio-Rind. Wir teilten wie Dick & Doof: Ich die Mitte, Ruby den Rand. Als sie die Knochen verbuddeln wollte, schrie Frauchen: „Nicht in unseren neu gesäten Rasen. Das ist ab sofort Anti-Pisch- und -Pups-Gebiet!" Wir sind in den Wald gefahren ...

Wer ist Chef: Ruby oder ich?

Ich glaub', Ruby ist eifersüchtig auf Frauchen.
Grund: Ich heirate einen Menschen und keinen Hund.
Noch 5 Tage bis zum Standesamt. Ruby wird immer liebessüchtiger:

- Wenn ich aufstehe: Wer ist schon im Bad? Ruby!
- Wenn ich nur an ein Leberwurst-Brot denke: Wer ist schon in der Küche? Ruby!
- Gewisse Geräusche muß ich vermeiden: Kühlschrank-Öffnen, Teller-Klimpern, Autoschlüssel-Rascheln, Bierflaschen-Zischen, Schlafzimmerfernseher-Anknipsen. Wie ein Magnet hockt mir Ruby auf der Pelle. Sie schleckt mich. Sie kratzt mich. Sie guckt mich an – ich bin der Sklave ihrer Gefühle.
- Als Frauchen ihr Hochzeitskleid probierte, aßen Ruby und ich allein das aufgewärmte Gulasch. Jeder Bissen blieb mir stecken, weil sie

guckte wie eine Million Bettler aus Kalkutta. Ich konnte nicht mehr. Wir teilten fifty-fifty.

Wer ist eigentlich der Boß: Ruby oder ich?
Die Münchener Hundepsychologin Andrea Kleist: „Der Besitzer muß wieder die Initiative ergreifen. Bestimmen, wann Gassi gegangen, wann gespielt, wann gegessen wird. Er darf sich nicht vom Hund kommandieren lassen ..."
Wir brauchen eine Härte, um Hundeliebe zu ertragen. Denn es ist eine Liebe ohne Worte und Konflikte. Thomas Mann schrieb über seinen Schäferhund „Bauschan": „Er ist mein Zuhause, mein eigentliches und stilles Leben."
Mein Herz muß härter werden. Ruby spürt das:
Ich schmeiße nach links Stöckchen in unseren matschigen Rasen, und Ruby rennt nach rechts! Braucht sie eine Brille?
Oder ärgert sie mich aus Eifersucht? Auch Ungehorsam ist eine Form der Liebe.

Ich hab's gewußt: Ruby hat Verstand

Ruby ist fix und fertig. Ich ließ sie um 7 Uhr zum Gassi in den Garten. Aber plötzlich stand sie vor einem Maschendraht und starrte traurig auf ihr Lieblingsplätzchen – da, wo sie ihre Stöckchen versteckt und so gern Bächlein macht.
Es geht nur um Zentimeter. Aber für Ruby ist es wie die Zonengrenze.
Was tun? Ein Loch in den Zaun schneiden? (Aber der Draht soll ja Ruby schützen vor der Straße!) Ein neues Stöckchenversteck suchen? Oder kann sich meine kleine Intelligenzbestie merken, daß sie durch einen durchsichtigen Zaun nur kommt, wenn sie drumherum läuft (scheinbar in die falsche Richtung).
Ich hab' Ruby an die Pfote genommen und sie um den Zaun geführt. Nach zwei Minuten „Business" kam sie zurück. Sie hat's begriffen!

★★★

Ich war mit Ruby im schönsten Hamburger Herrengeschäft, um mein Hochzeits-Fell zu probieren – den Frack. Wie Dick & Doof standen wir zwei vorm Spiegel und guckten uns an. Mir zwängte der Hosenbund, Ruby wölbte sich der weiße Bauch. Wir sind beide zu dick. Aber wir werden uns nicht mehr ändern.

★★★

Ruby, sei nicht traurig! Wir flittern ja nur

Heute um 16 Uhr beginnt die Fußball-EM – und meine Ehe.
Ich heirate Frauchen – und Ruby bellt wau. Aber kann eine Frau lieben wie ein Hund?
- Übersät sie mich mit schleckenden Küssen, wenn ich von der Arbeit komm'?
- Liebt sie mich auch, wenn ich ein Bier zuviel habe?
- Watschelt sie hinter mir her, wo immer ich hingehe?
- Liebt sie mich noch, wenn die Haare ausfallen, die Zähne wackeln und der Bauch schwabbelt?
- Bleibt sie bei mir, bis uns alle Würste ausgehen?

Ein Wort, eine Welt: JA! (Wenn ich Frauchen nicht hätte, würde ich Ruby heiraten.)

★ ★ ★

Weil ich in den Flitterwochen Ruby nicht streicheln kann, hab' ich mir für meinen Reise-Computer einen „Hunde-Simulator" gekauft: die CD-Rom **„P.A.W.S."** („Pfoten", 89 Mark, für Mac und PC). Man sitzt im Kopf eines knuddeligen Hundes wie im Cockpit und guckt durch seine Zeichentrick-Augen in die Menschenwelt. Man kann bellen, graben, fressen, Knochen suchen, Katzen jagen etc. Für Kinder von 4 bis 104.

★ ★ ★

Ruby spürt, daß wir sie für 2 ½ Wochen verlassen. Morgens will sie immer mit ins Auto. Abends kratzt sie am Gartenzaun und will unten durch. Sie frißt nicht mehr wie früher. Wenn ich Strümpfe anzieh', klaut sie einen und versteckt ihn. Sie ahnt, daß für sie eine traurige Zeit beginnt. Oder lacht heimlich ihr Herz, weil sie jetzt bei Schwiegerma' die Sau rauslassen kann?

Ruby, du fehlst uns, du fehlst uns nicht, du ...

Malaga, 30 Grad, Windstärke 4–5, an Bord der „MS Glückauf"

Liebe Ruby,
das Mittelmeer glitzert, die Sonne glüht, das Bier ist eisig – aber wir vermissen Dein kleines Herz. Doch sei froh, daß Du in Schwiegerma's schattigem Sachsenwald spielen kannst. Spanien ist ein Fegefeuer für Hunde. Die Rubys hier streunen einsam. Statt eines Herrchens haben sie Läuse und ewigen Hunger. Tausende sterben auf der Straße oder werden gefangen und getötet.
Aber auch grausame Deutsche set-

zen jetzt hunderttausend Rubys aus, weil sie in den Urlaub fahren wollen! Sie haben Steine oder Bierbüchsen statt Herzen.

★★★

Obwohl unsere frischen Eheringe drücken, lachen wir noch immer über unsere Hochzeit zu dritt (letztes Knochenende).

- Wie Du Dich inmitten von 200 tanzenden Beinen in Dein Körbchen kuscheltest. Du hast nicht mal gebellt, als um 3 Uhr früh die liebe Polizei kam.
- Wie Du als guckende Giraffe am Kirchenzaun standest, als ich im Frack und Frauchen mit Schleier und Schleppe zum Altar gingen – ohne Dich.
- Wie Du als laufender Müllschlukker alle Weißwurst-Zipfel und Roastbeef-Ecken entsorgt hast, bis Dir schlecht war und Du unter den Schrank gekrochen bist.

Ach, Ruby! Es ist so schön ohne Dich (seufzt gerade Frauchen). Aber Du bist, wie es Nobelpreisträger Prof. Konrad Lorenz nannte, „eine unermeßliche Summe von Liebe und Treue"!

PS: Frauchen hat's nicht so gemeint!

Sehnsuchts-Telefonat mit Ruby

Ibiza-Hafen, Windstärke 7. Die Palmen biegen sich. Frauchen ist braun wie Naomi, ich rot wie Hummer.

Wenn die Sonne im Meer versinkt, vermissen wir Ruby und ihr schwingendes Schwänzchen. Sehnsuchts-Talk per Telefon mit Ruby (bzw. Schwiegerma'):

Ist Ruby traurig?

Schwiegerma': „Nein! Sie läßt sich von Schäferhund ‚Santo' ums Haus jagen, trickst ihn aber mit schnellen Hasenhaken aus. Danach planscht sie in ihrem Privatpool, dem Goldfischteich."

Wo schläft Ruby?

„Natürlich bei uns im Schlafzimmer. Mittags-Siesta hält sie mit ihrem Jack-Russell-Freund ‚Dutschi' im Mega-Flauschkorb in der Diele."

Frißt Ruby, oder hat sie Heimweh?

Lachen und Bellen am Telefon. „Zum Frühstück gibt's Leberwurst. Mittags Trocken-Müsli mit Vitamin-Bomben. Als Betthupferl einen Hundekuchen..."

Vermißt uns Ruby?

„Jein. Wenn's draußen hupt, jagt sie noch um Mitternacht zur Tür und guckt, ob ihr kommt. Aber sie hat mich als Zweit-Frauchen akzeptiert. Wenn ich vom Wochenmarkt komme, hüpft sie wie ein Flummi an mir hoch und beißt die anderen drei Hunde weg. Sie ist ein typisches Einzelkind. Sie will mein Herz ganz allein für sich."

Erlebt Ruby auch Abenteuer?

„Ja. Heute früh hat sie ein lebendes Würstl mit buntem Kopf und züngelnder Zunge entdeckt – unsere Ringelnatter. Beide haben großen Respekt voreinander. Aber Ruby bringt alles durcheinander. Ich bin froh, wenn hier wieder Ruhe einkehrt ..."

Quietsch, jaul, bell – das Rudel hat sich wieder

Liebe ist ...

... sich zu dritt in den Pfoten liegen.

Mallorca/Hamburg – Flughafen, Marmor-Fußboden: Ganz weit hinten wackelt ein schwarzer Fleck. Plötzlich kleine Juchz-Schreie: „Ruby! Da ist Herrchen!" Ruby, die Blindschleiche, wittert uns, obwohl wir ausschauen wie Roberta und Roberto Blanco. Wie ein Eishockey-Puck schlittert Ruby durch die Halle. Quietschend bellende Bremse. Wir sinken in die Knie – ein Sprung, ein Jaulen, ein Zungenschleck mit rotierendem Quirl-Schwanz! Die Zärtlichkeit eines Waschlappens, die Frauchen und ich seit 2 ½ Flitterwochen vermißt haben wie deutsche Leberwurst. Das Rudel liegt sich streichelnd in den Pfoten.

Es wird Tage dauern, bis Ruby uns wieder hundertprozentig akzeptiert. Denn Rubys Herz kennt keinen Grund für Rudel-Urlaub. Aber sie ist so voller Liebe, daß sie Pirouetten dreht wie Kati Witt. Dann kratzt sie an meinem Auto und hechtet auf ihre Decke im Fond. Der Geruch ist ihr Zuhause.

★★★

Bauernkate an der Ostsee: Ruby liegt auf dem Sofa wie eine Sphinx. Wir überschütten sie mit Zärtlichkeit. Frauchen streichelt sie mehr als mich. Ich streichle heimlich zurück. Unsere Hände mit den drückenden neuen Eheringen treffen sich auf Rubys Fell. Sie grunzt. Der Ring der Liebe schließt sich ...

Meine Ruby ist ein Streß-Killer

Hunde entspannen Männer mehr als Frauen!" (Studie der Uni Buffalo.)

Ruby ist ein Streß-Killer. Grund: Sie hat ein Doppelherz, redet nicht und hat keine Hände zum Staubsaugen oder Abwaschen.

Nach drei Flitterwochen Ruby-Entzug habe ich mein lebendes Kissen

wieder. Rubys naive Lebenslust wirkt wie ein Psychiater.

★★★

Fußball-Endspiel in Sigis „Weißem Roß": Bei der Hymne bleiben alle biertrinkenden Mini-Berties sitzen (ich leider auch). Nur ein vierbeiniges Wesen erhebt sich in der Ecke: der Deutsche Ruby! Ich wußte, wir gewinnen …

★★★

Springer Verlag, Nebeneingang: Ich und Ruby (mein Hausausweis) kommen zu spät. Der nette, sächselnde Pförtner, Herr Peschke, schmunzelt: „Ist Ruby eigentlich Linksträger? Oder trägt er sein Ringelschwänzchen auch mal rechts?" Mein schmutziges Lächeln begleitet mich durch den Tag!

★★★

Bauernkate Ostsee, zu kalt zum Baden: Test des 100 Meter langen Maschendraht-Gartenzauns, der Ruby vor den Autos schützen soll. Ich verstecke mich hinter dem Mülleimer und pfeife. Ist der Zaun dicht? Oder hat mein Monster ein Schlupfloch?
Ruby fährt die Batman-Ohren aus. Sie rast zum Gartentor, links unten. Der Regen hat eine Mulde ausgespült. Wie ein GSG-9-Einzelkämpfer robbt Ruby sich vierpfotig auf dem Bauch unten durch. Der ganze Zaun ist sinnlos …
40 Millionen Deutsche haben keinen Hund. Diese einsamen Narren.

Ruby hat's mit den Ohren – dafür „redet" sie deutlich

Regen kratzt am Fenster. Der kleine Kamin knistert. Ich liege auf dem Sofa, Ruby liegt auf mir. „Susi", unsere Hausfliege, liegt auf Ruby. Frauchen putzt irgendwas.
Plötzlich: Ruby schnappt zum zehnten Mal vergeblich nach „Susi". Dann verbiegt sie ihre rechte Pfote und kratzt sich hinterm rechten Batman-Ohr. Plötzlich juckt's mich auch: am Hals, am Arm, an den Zehen.
Ich schreie: „Frauchen! Wir haben Flöhe!" Notarzt? Frauchen untersucht uns mit der Lupe. Nichts! „Ihr zwei seid so faule Hypochonder, daß ihr euch sogar Phantom-Flöhe einbildet …" (Tip: giftfreies Eukacid-Öl gegen Flöhe, Läuse, Zecken, 5 Tropfen zwischen Kopf und Schwanz, 12,90 DM.)

★★★

Ein intelligenter Hund kann sich 60 bis 100 Wörter merken und unterscheiden (US-Psychologe J.B. Scott).

Und Ruby?

Seit zwei Jahren hämmere ich ihr zärtlich den großen Grundbefehl „Bleib da!" ein (im Körbchen, im Auto, in der Kneipe etc.). Aber sie mißversteht mich wie Pop-Millionär Bohlen seine Frau. Kaum säusele ich: „Bleib da!", springt sie auf und verfolgt mich (sie kratzt sogar an der Toilettentür).

Unsere Liebe ist ein Kommunikations-Chaos.

Ihre Lieblings-Wörter: Leberwurst, Stöckchen, „Flachs" (ihr platonischer Liebhaber), Herrchen und Frauchen, Bächlein, Küche.

Ihre Haß-Wörter: baden, aus, aufstehen.

Mit mir spricht Ruby so: **schnelles wiederholtes Bellen** (mittlere Tonlage): „Trommel das Rudel zusammen. Wir haben ein Problem."

Dreifaches Bellen mit Pause (halblaut): „Ich wittere ein Problem. Ich finde, das Leittier sollte sich mal darum kümmern."

Das größte Mißverständnis: Hunde-Gähnen! Das heißt nicht: „Ich bin erschöpft oder gelangweilt", sondern es ist ein Streß-Signal: „Ich bin angespannt, ängstlich oder nervös."

Frauchen foltert Ruby: mit der Dusche!

Das Badezimmer ist Rubys Folterkammer. Der grinsende Henker: Frauchen. Das glühende Eisen: die Dusche.

Zweimal pro Woche muß unser stinkendes Land-Baby ins Wasser beißen. Freiwillig? Nie! Ich trage und streichele das wimmernde Paket die letzten quälenden Meter. Dann lass' ich sie in die Wanne sinken. Ruby spreizt die Beine wie ein vom Blitz erschlagenes Spanferkel. Dann ruckzuck: Floh-Shampoo, ein zarter lauwarmer Strahl. Schluß-Folter: Ich baue ein Handtuch-Zelt. Ich rubbele den nassen, sich spritzend schüttelnden Balg mit einem Gefühl aus Lenor und Sanso.

★★★

Ruby ist ein armes Schwein. Verbote verhageln ihr Leben: kein Kino, keine Disco, keine Sauna, keine Partys. Aber letzten Sonnabend durfte sie zum Dorf-Feuerwehrball – mit dem nörgelnden Frauchen: „Viel zu viele Beine, viel zu laut ...

Mein Stadthund kennt Uniformen nur von Polizisten. Sehr reserviert beschnüffelt sie die vielen blauen Beine. Plötzlich peitschen Schüsse. Ruby zittert und schlüpft wie ein Häschen

zwischen meine Füße. Angst-Grund: ein Schießstand mit einem Holzfuchs. Ich kann Ruby nicht anleinen, weil sie auf dem Land lieber nackt geht. Wir verstecken uns hinterm Bierstand. Aber dann poltern Kegel. Erst als es regnet, ist sie glücklich – denn wir wanken heim.
Plötzlich sprintet Ruby los, jagt über Pfützen, hechtet über den Rasen und springt … – oh, nein …

Blitz & Donner: Was träumt Ruby mit ihrer Nase?

Mitternacht: Zuckende Blitze donnern krachend vom Himmel. Frauchen bibbert im Bettchen, Ruby zittert im Körbchen.
Ich streichle beide. Ruby gräbt sich eine Daunen-Höhle. Aber es blitzt und zischt wie in der Disco. Ich baue

Mein Herz ist endgültig zerflossen. Wir haben das Betteln bei uns abgeschafft. Ich teile jetzt einfach alles mit Ruby, zum Beispiel Würstl, Leberwurst-Schnitten, Grillhähnchen etc. Es erleichtert! Aber: Warum ist Rubys Magen so groß wie mein Bierbauch?

ihr mit Decken ein Mini-Zelt-Bett zum Biwakieren.
Endlich: klatschender Regen. Plötzlich: Schnaufen, Wimmern, Fiepsen. Unter der Decke rumort's: Ruby träumt! Ihre Lefzen fletschen. Ihre vier Spanferkel-Pfoten galoppieren vibrierend. Sie läuft im Hunde-Himmel. Ich streichle sie, bis sie wieder bremst, schnurrt, grunzt, schnarchend verstummt.

Info: Hunde haben Geruchs-Träume (keine visuellen). Sie erinnern sich zum Beispiel an Stöckchen, Wettrennen, Kaninchen etc.

★★★

Ruby kam aus der Tiefe des Gartens: In federnden Luftsprüngen, drecktriefend ... Ich lag nackig in meinem Hochzeitsgeschenk: einem Strandkorb mit blau-weißem Markisenstoff (eine Art friesische Hollywoodschaukel). Ruby hechtet, segelt und klatscht mit ihren schwarzen Gartenpfoten auf meine „WELT". Sie hat ihr neues Lieblingskörbchen entdeckt. Viermal „schrie" ich sie leise an. Fünfmal vertrieb ich sie mit Stöckchen-Weitwürfen. Aber wir teilen ja alles. Inzwischen habe ich die beiden Seitenkissen rausgeräumt, damit Ruby mehr Platz hat ...

Power-Ruby – als Fitneß-trainerin ist sie ein As

Als Odysseus nach zwanzig Jahren Irrfahrt heimkam, erkannte ihn nur sein Hund ...
Ruby beweist diese homerische Treue täglich. Ab 18 Uhr liegt sie wie eine Sphinx im Garten. Sie starrt auf die kleine Kreuzung. Sie harrt auf die schwarze Blechbüchse, die bremsend knirscht und hupt. Oft dämmert's, bis ich komm'. Frauchen schimpft, weil alles anbrennt. Nur Ruby hüpft wie Carl Lewis. Ruby hat einen eingebauten Kreisel-Kompaß. Sie dreht Pirouetten aus Freude. Ihr neuestes Geschenk an mich: Sie kreist wetzend wie ein Blitz um unsere kleine Bauernkate (in ca. 15 Sekunden). Stolz keuchend grinst sie. Lohn: ein olympisches Schweinsohr!

★★★

Mein Hamburger Arzt Dr. Roemmelt blickt seufzend auf meinen bayerischen Bierbauch: „Im Mittelalter hielt Reiten die Ritter dünn. Haben Sie ein Pferd?"
Alster, 7 Uhr früh, Nieselregen. Mein „Pferd" ist sehr klein und wiehert „wauwau". Ruby und ich galoppieren joggend. Sie hat zwei Pfoten mehr Power. Kurz vorm Kollaps schmeiße ich ein Rettungsstäbchen

in die Alster. Ruby hechtet in die Wellen. Ich erschöpfter Depp! Wir schleppen uns zum Auto. Mein Dreckschwein hüpft rein, grinst und spritzt sich trocken …

Ruby auf See: Die Nase im Wind wie Hans Albers

Aus Zärtlichkeit wird Horror. Meine Hand streichelt abends vorm TV über das glatte, seidene schwarze Fell. Sie kennt den Weg auswendig. Hinterm Kopf, unterm Hals, über die Flanke zum Po. Unterm Bauch zu den zehn kleinen Brüsten ...
Aber: Ich wurde zum Rasenmäher, hatte dicke Haarbüschel in der Hand! Frauchen seufzt: „In der ganzen Wohnung liegt ein haariger Schleier …"
SOS-Anruf beim Tierarzt: „Spinnt die Natur? Haarausfall im August?"
Auflösung: Millionen Hunde und Katzen leiden zur Zeit an einem Wetter-Chaos! Ihre Körper denken, es wird Herbst! Reaktion: Sommerfell weg – Winterfell her. Was man dagegen tun kann? Viel bürsten und Vitamin-Pillen vom Arzt.

★★★

Ruby ist leider ein Angsthase. Aber ihr Mut ist die Neugier:
Feind Nr. 1: schaukelnde Schiffe. In Grömitz dümpelt die Motoryacht „La Paloma" von Onkel Oskar. Wir heben ein zitterndes Bündel auf die Planken. Mit eingezogenem Schwänzchen sucht Ruby kreisend einen Ausgang. Dann kriecht sie nach unten in die Kabine – bibbernd. Bis wir fahren. Bis der salzige Wind weht. Ich umklammere Ruby, und sie streckt ihre Schnauze in die Ostsee wie Hans Albers. Plötzlich hat sie das Zittern besiegt … Ruby ist jetzt Seemann.
Feind Nr. 2: Blech-Monster. Bauer Enno schiebt einen Roboter auf unseren verwilderten Rasen: grün, tukkernd und vibrierend. Rubys erster Kontakt mit einem Rasenmäher! Sie hat keine Angst, weil er sich nicht bewegt. Sie schnüffelt am Tankstutzen. Dann belauert sie ihn liegend aus Distanz. Bis Herrchen schwitzend schiebt. Sie lümmelt sich gähnend ins Gras. Ich kann ihre Gedanken lesen: „Hunde haben nur Pfoten zum Spielen, keine Hände zum Arbeiten. Deshalb sind wir ja Hunde …"

Hunde-Villa oder Ruine? Ruby will nicht rein

Plötzlich, über Nacht, stand sie da – aus Eichenholz, steiler Strohgiebel, eingebranntes Fachwerk: Rubys neue Hundehütte!

Der liebe Schreiner Franz (73) hat die Mini-Kopie unserer Reetdach-Kate in 6 Monaten genial geschnitzt und gehämmert.
Mein Herz schmolz: Ich wollte gleich reinkriechen. Frauchen klopft mir an die Stirn: „Das ist keine Hütte, das ist eine Villa! Ihr zwei spinnt!"
Der Schock: Ruby will nicht rein! Sie schnuppert und riecht nur Späne. Sie verweigert sich dem Tor zum Glück (50 cm hoch). Ich bin deprimiert. Soll ich mit ihr drin schlafen? (Das Dach ist abnehmbar ...)

★★★

Ruby und ich haben eine Bürgerinitiative gegründet: Kampf dem Bier-und-Leberwurst-Bauch! Ich versuche zwei Liegestützen hintereinander. Ich liege auf allen vieren und gucke wie ein Hund in die Welt. Plötzlich springt Ruby auf mich drauf, wie bei den Bremer Stadtmusikanten. Wir brechen zusammen – lachend und dreckig. Dann teilen wir uns ein Magnum-Eis ...

★★★

Ruby spürt, daß sich etwas Rundes anbahnt in ihrem Leben. Bedrohung oder Geschenk. Sie darf plötzlich nicht mehr auf Frauchen draufhupfen wie früher. Es gibt plötzlich ein zweites Ziel der Zärtlichkeit ...

Ruby – unsere Prinzessin bekommt ein Brüderchen

Wir sind nicht mehr allein ... Wenn wir zu dritt vor dem Fernseher dösen, schließt sich der Kreis der Zärtlichkeit: Ich streichle Frauchen, sie krault Ruby – und die leckt meine große Zehe.
Aber da ist noch etwas.
Ich glaube, Ruby spürt die Vibrationen eines neuen Wesens, das da in unsere kleine Familie wächst.
Ich entziehe ihr etwas Zärtlichkeit. Meine Hand streichelt fast magnetisch über Frauchens Bäuchlein, morgens, abends, nachts ...
Wir werden Eltern – echte. Ruby kriegt ein Brüderchen – ein menschliches. Wir drei sind alle schwanger (ich werd' auch schon dicker).
Aber: Wie klappt die Koexistenz von Baby und Bestie? Von Pausbacken und Killerzähnen? Von Mumps und Flöhen? Ist Schwesterchen Ruby eifersüchtig auf das plärrende Brüderchen? Erste Tests mit Nachbar-Babies: kein Knurren, nur Schnurren und Ablecken. Und: Ruby hat etwas Scheu und Angst vor den krabbelnden Monstern.
Wenn der Tag schlägt, kriegt Ruby einen Maulkorb und darf kurz in der Wiege mit dem neuen Mini-Herrchen kuscheln ...

Freudes-Juchzen: Ruby betrat zum ersten Mal ihre Hunde-Villa.
Grund: Schwiegerma's Setter „Leica" kroch auf Besuch rein – Ruby hinterher.

★★★

Sau-Bär: Ruby wälzt und wühlt sich wieder in den Kuhfladen von Nachbar Gosch. Der Tier-Experte: Der Hund will sich mit Gestank zur Jagd „tarnen". Aber kann man „Pal"-Dosen jagen ...?

Das Landleben macht Ruby zum Stadtneurotiker

Ich nenn' sie nur noch **„Kuhby"**. Denn Ruby ist grassüchtig. Sie kaut schmatzend wider – und grüner Glibber kommt raus. Hat sie zu viele Kühe als Freunde?

★★★

Als das Auto bremste, war es fast zu spät ...

Bibbernde Angst hat Ruby fast ins Jenseits getrieben. Zwei Monster-Hunde wohnen vis-à-vis vom Springer Verlag. Frauchen ging Gassi. Plötzlich: die Monster, die Panik! Ruby schoß über eine zehn Meter breite Straße ...

Ein zitterndes Elend. Lebens-Angst! Tief in Ruby gibt es schmerzende Schatten: Schläge? Bisse? Qualen? Ich habe sie in die Arme genommen und selbst gezittert ...

★★★

Das Landleben verführt zur Sorglosigkeit. Ruby hat vergessen, daß Asphalt Tod bedeutet. In der Stadt schreie ich wieder vor jeder Ampel. Die letzte zerbissene Plastikleine ist bei einer Ruby-Panik gerissen. Muß sie an die Kette?

★★★

Mit Büchern habe ich Rubys geheime Zeichensprache entschlüsselt:

- **Pirouette drehen:** „Ich will spielen."
- **Pfoten wetzen nach Pipi:** „Hier ist ein Ruby-Treffpunkt für alle, die mich lieben."
- **Begrüßungs-Schlecken in Kopfhöhe:** „Gib mir was zu essen, Chef!" (Wüsten-Hunde würgen für ihre Welpen gejagtes Essen aus dem Schlund.)
- **Verbeißen ins Stöckchen:** „Ich kämpfe um meine Jagdbeute, um zu überleben." (Ur-Instinkt.)
- **Sex-Rückenstellung mit Pfötchen in die Höhe:** „Ich ergebe mich. Du bist der Boß. Aber dafür mußt du mich kraulen."

Eine Killer-Wespe machte Ruby zum Mops

Wir blickten uns an und schwiegen. Ruby und ich brauchen keine Worte. Wenn jemand redet, dann Frauchen.

Plötzlich: Das Schnäuzchen quoll zur Grimasse! Rubys rechte Gesichtszüge entgleisten zur Doggen-Backe. Sie sah aus wie Jelzin. Eitriger Zahn? Luftballon verschluckt?

Die Antwort kam wie ein Düsenjäger: Summ, brumm, klatsch! Eine Killer-Wespe hatte meinen Engel zum Mops gestochen!

Was tun? Notarzt? Schmerz-Tabletten? Frauchen: „Quatsch. Da müßt ihr durch! Jede Kuh wird gestochen!"

Mein kleiner Held kann nicht weinen. Wir schleichen uns zum Eisschrank. Aber: Keine Eiswürfel da! Die Rettung: zwei eisige Bierflaschen. Ich presse eine auf Rubys Backe. Aus Mitleid trinke ich die zweite ...

Tip: Sticht die Wespe in den Hals, sofort zum Tierarzt!

★★★

Ruby wird mir immer ähnlicher. Ihre Näschen-Haare sind graumeliert wie meine Schläfen.

★★★

Ruby ist landsüchtig. Wenn ich Freitag abend Richtung Ostsee fahre, kennt sie die Autobahnausfahrt. Sie bellt bei jedem Bauernhof ihrer Freunde. Sie hüpft mir auf den Schoß, wenn wir zu unserer Hütte abbiegen. Sie ist für die Freiheit geboren, nicht für den Asphalt der Stadt. Sie wälzt sich kreiselnd, putzend, schabend auf dem stachelig geschnittenen Rasen: Ihre Serviette der Natur. Früher kannte sie nur die rauhen Kokos-Fußmatten der feinen City-Läden.

Schock: Ich habe Ruby mit Frauchen verwechselt

Frühstück: Die Vögel zwitschern. Ruby bettelt. Frauchen blinzelt in die Sonne.

Wespen summen. Verträumt knabbere ich an den neuen Mini-Leibniz-Keksen (briefmarkengroß). Im vorauseilenden Bettel-Gehorsam stecke ich meinem Monsterchen schläfrig ein Plätzchen ins ... Meine Hand stockt!

Schock! Ich hab' Ruby mit Frauchen verwechselt (weil ich beide knuddel-lieb hab')! Sie schüttelt lächelnd den Kopf: „Ihr zwei spinnt!"

★★★

Ich wurde erwischt – beim „Gassi-Sitzen". Ich war mit Ruby morgens im Park. Ich saß auf der Bank und las mit links die „WELT" – und schmiß mit rechts Stöckchen. Ein Freund verpetzte mich bei Frauchen: „Der geht nicht Gassi, der sitzt Gassi."

★★★

Party bei Bild: Bier fließt, Zigarren qualmen, Ballermann-Musik. Lach-Genie Otto bellt mit Ruby. Plötzlich: ein Kampf. Ruby und ein schwarzer Baby-Labrador (doppelter Ruby) zerfleischen einen Teddybären. David gegen Goliath. Fünf Minuten zerrt jeder an einem Teddybein. Rubys Kampftrick: grummelndes Knurren. Der Sportchef wettet: „Zehn Mark auf Ruby." Ein Kopfschüttel-Trick – und Ruby hat den Teddy. Flucht unter eine Stuhlhöhle – mit breitem Grinsen.

★★★

Ruby hat einen neuen fliegenden Knochen: ein Frisbee aus getrockneter Rinderhaut. Im fliegenden Sprung schnappt sie sich das kreisende Ufo – und rast hinters Haus. Zwei Minuten später: Ruby grinst wie Roberto Blanco, die Schnauze voller weicher Muttererde. Weil sie unseren Haus-Maulwurf nicht killen kann, wird sie selbst einer. Sie hat ein Buddel-Gen. Sie legt Knochen-Depots an – Winterschlaf-Instinkt?

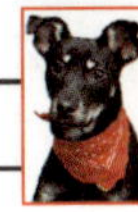

Ruby hat Mundgeruch – soll ich ihre Zähne putzen?

In jeder großen Liebe gibt es Schatten, die schmerzen.
7 Uhr: Mein lebender Wecker Ruby legt seine Krallenpfote aufs Kopfkissen und stößt mit ihrer Schleckzunge zu. Eine Stinkbombe explodiert! Aus ihrem Rachen furzt ein ganzer Kuhstall!
Ich umarme sie, um nach Luft zu schnappen, und drücke zärtlich ihr Schnäuzlein zu.
Bittere Diagnose: Ruby hat Mundgeruch!
Warum?
Wie beim Menschen wachsen Stinkbakterien in der Schnauze. Das schlimmste Lieblingsfressen der Hunde: grüner Pansen (in diesem stinkenden Darmtrakt-Fleischfetzen gibt's viel pflanzliches Eiweiß, das die Kuh vorgekaut hat).
Ein modriges Krokodil kann man nicht knuddeln. Folge: Zärtlichkeits-Defizit für beide.
Das kluge Frauchen schlägt mir Zahnbürste und Odol aus der Hand. „Liebe heißt, nicht um Verzeihung bitten zu müssen ..."
Zusammen watscheln wir Stinktiere zu Rubys Stammladen „Hund & Katze".

Es gibt eine ganze Parfümserie:

- Kautabletten „Dog-a-Dent" (6,95 DM). Sind gegen Zahnstein. Aber weil Hunde sie meist verschlukken, wirken sie im Bauch gegen Gestank.
- Hunde-Zahnpasta & Bürste (11,95 DM). Wichtig: Nie Menschen-Zahncreme verwenden (schädlich)! Zweimal pro Woche nur die Vorderseite der Zähne putzen (die Innenseite wird durch die Zunge automatisch sauber). Es gibt auch ein Bio-Set (25,75 DM).
- Mund- & Zahnpflege-Zerstäuber (12,95 DM). Das Ruckzuck-Atem-Spray (falls die Schwiegerma' kommt).

Geheim-Tip: Viel Karotten! Ruby grinst ... und gähnt rülpsend.

Eifersüchtige Ruby: Liebt Frauchen einen anderen Hund?

Noch sechs Wochen, bis es plärrt bei uns ...
Meine zwei (bis drei) Liebsten verändern sich:

- Frauchen wird immer fröhlicher und dicker (Modell Walfisch).
- Ruby ist aufgekratzt, neugierig – und ängstlich bis feige.

Ich schleppe: Babybett, Wickeltisch, singende Teddybären etc.

Ruby verfolgt mich wie ein Polizist: schnüffelnd, steile Batman-Ohren, erhobene Pfote, mißtrauisch.
Sie spürt: Ihr Reich verkleinert sich! Ahnt sie, daß sie Herrchens Liebe bald mit einem menschlichen Welpen teilen muß?

★★★

Ruby begleitet Frauchen jede Woche zu Professor Carstensen. Aber in der Klinik ist Hundeverbot! Zitternd und grübelnd wartet Ruby vor der Tür. Wenn Frauchen endlich rauskommt, strahlt sie so komisch: Geht sie fremd Gassi? Hat sie einen anderen Hund?

★★★

Das Schlimmste: Wir mußten Rubys Körbchen verschieben! Muß sie jetzt das Schlafzimmer verlassen? Lebenslang?
Frauchen flüsterte: „Du, wir müssen Ruby jetzt mit Zärtlichkeit überschütten. Denn wenn sie eifersüchtelt, wird sie vielleicht gefährlich für das Baby. Dann muß Ruby weg ..."
Niemals! Ich bin bekennender Hundenarr. Eher ziehe ich mit Ruby in die Hütte. Es muß eine Koexistenz geben zwischen Baby und Ruby (wie zwischen Preußen und Bayern). Denn Hunde haben einen Schutzinstinkt für Schwächere.

Soll ich Ruby möglicherweise als Bestechung ein anschnallbares Wintermäntelchen schenken?

Feigling Ruby: Sie kämpft um ihr Reich

Still wie eine Sphinx, mit müd blinzelnden Lidern gurrt mein Liebling. Zärtlich streichle ich Ruby (Frauchen räumt auf). Plötzlich: ein Schmatz! Maul und Lefzen mahlen, wie bei einer Kuh. Warum?

- Hab' ich sie mit meinem Magen-Virus (Hectobacter) angesteckt? Oder umgekehrt? (Nein!)
- Sind das Gärungsgeräusche eines Widerkäuers? Weil sie zur Zeit frißt wie ein Scheunendrescher? Oder ein Bandwurm? (Nein!)

Lösung: Das Schmatzen ist ein Wohlfühl-Geräusch, eine Art faules Hecheln mit geschlossenem Mund.

★★★

Es begann mit Knurren, Fauchen – und endete mit einem Tatzenhieb.
Rubys Lieblings-Golden-Retriever „Purdey" (4, Rüde) war zu Besuch in unserer Bauernkate. Aus Liebe wurde Kampf. Ruby wurde zur eifersüchtigen Bestie, die um ihr kleines Reich kämpfte. „Purdey" (viermal größer) wedelte staunend mit dem Riesenschwanz. Die Hexe Ruby grapschte

ihren verstreuten Besitz zusammen wie eine Putzfrau: den Rindshaut-Schuh, die zwei Tennisbälle, ihre zwei Teddybären und den Holzscheit-Knochen. Sie verbarrikadierte sich in ihrem Körbchen. Aber „Purdey" hatte den zerfetzten Stoff-Rex im Maul (den Ruby sowieso haßt).
Geiferig & eifersüchtig schnappte Ruby danach – und fing sich einen zärtlichen Prankenhieb ein. Plötzlich war Stille.
„Purdeys" Herrchen Jaco spendete dann einen Friedensschmaus unterm Tisch: Vanilleeis vom Löffel für beide.
Aber: Seitdem hat Ruby Angst oder ein schlechtes Gewissen.

- Bei entgegenkommenden Hunden kuscht sie, zieht den Schwanz ein und bibbert.
- Bei der Ampel geht sie nur noch zwischen mir und Frauchen.

Ich muß meinen kleinen Feigling wieder aufrichten.

Rubys Entdeckungen: Der Hundehimmel und die Daunen-Toilette

Ich wollte nie einen intelligenten Hund, der alles weiß, kann und lernen will.
Ich wollte einen bellenden Teddybär zum Knuddeln und Zeitungholen.
Ruby ist ein Feigling mit Leberwurst-Herz: neugierig, quirlig, mit dem Gedächtnis eines Elefanten ...

- **Luxus-Ruby:** Weil wir morgens oft zeit- und geldknapp sind, frühstükken wir im Steh-Café. Aber Ruby, untreu und hungrig, trabt in unser Stamm-Café „Funkeck", kratzt an der Glastür, bis Kellnerin Lilo ihr das gewohnte Tellerchen mit zwei Wurstscheiben serviert.
- **Tarzan-Ruby:** Sie entdeckte Hunde, die auf Bäumen wohnen (es ist die Zeit der Eichhörnchen). Ruby hat zwei Stammbäume, die sie anspringt wie Tarzan ohne Liane. Voller Sehnsucht lugt sie nach oben, als läge da der Himmel der Hunde ...

Ruby entdeckte eine Toilette der Daunen. Weil fleißige Hausmeister Laubhaufen auftürmen, macht sie nur noch dort Bächlein – weil's so schön weich und diskret ist ...

★ ★ ★

Habe ich Sodbrennen von Ruby?
Oft liegen wir uns in den Pfoten, Aug' in Auge. Jeder staunt über das komische Gesicht des anderen. Aber plötzlich: Wie ein riesiger Waschlappen schießt ihre Zunge klatschend auf meine Nase! Frauchen schreit „igitt!"
Soll man Vierbeiner knutschen? Nein, sagen vorsichtige Ärzte. Denn sie

könnten zum Beispiel Helicobacter (Magen-Darm-Bakterien) übertragen. Mein Bauch-Grummeln wurde untersucht. Urteil: Ruby ist unschuldig. Zuviel kaltes Bier!

Gassiologie: Warum Ruby nicht kann, wenn sie „muß"

Wenn es Nacht wird, löse ich Frauchen als Gassi-Sklave ab: 20 Uhr und 23 Uhr. Mein Job: Durch pfiffige Befehle alle Körperflüssigkeiten und Popo-Würstchen aus Ruby rauszulocken.

Wenn ich vom Knochenverdienen komm', ist's leicht: 2x klingeln – jaulendes Gebell! Wie ein Geschoß rutscht das schwarze Monster aus der Tür, wetzt wie ein Eisläufer um die Ecke, schlittert fast auf die Straße, kratzt die Kurve und landet im Laubhaufen – ihre Daunen-Toilette.

Ich hypnotisiere ihre Körperfunktionen: „Good Dog!" „Brav!" „Mach Bächlein!" „Mach Pups ...!"

Aber wer „kann" schon mit einem Voyeur? Als Gentleman drehe ich mich um.

Dann hecheln wir zu Frauchen. Sie säuselt: „Hat sie Piesch & Pups?" Ich lüge dann immer: „Ja ..."

Aber Regen verwirrt Rubys Körperfunktionen. Sie haßt Nasses. Wie mit gebrochenen Pfoten stakst sie ins Laub und spreizt ihre Schenkelchen – nichts. Ihr praller Popo platzt fast – nichts. Sie schießt zurück. Nachts rumort's im Körbchen. 8 Uhr morgens: Frauchen kommt strahlend zurück, mit Bild und Brötchen: „Sie hat!" So einfach kann Glück sein.

★ ★ ★

Rubys Lieblingsstöckchen ist zur Zeit ein Kaminholz-Birkenast, dick und schwer wie eine Flasche Eierlikör. Ich schmeiße! Das Monstrum wirbelt träge, Ruby rast zu schnell – das Scheit schlägt in den Rasen wie eine Bombe, die sie fast erschlägt!

Wir spielen nur noch Soft-Stöckchen: Tennisbälle.

Winselnde Ruby: Ist der Ringelschwanz gebrochen?

Der Schock kam nachts. Ruby schlich sich vom Gassigehen in die warme Bauernkate. Sie wirkte wie ein Bündel Angst: angelegte Ohren, schüchterner Panther-Gang – und ein entrollter, komisch geknickter Ringelschwanz.

Frauchen: „Hat sie sich den Schwanz gebrochen?" Ich, der Fachmann: „Schwer! Und wobei? Tür eingeklemmt? Auto drüber gefahren?

Oder sie hat sich beim Quirlen selbst reingebissen ..."

Frauchen fingert am Schwänzchen, zwickt, knetet und biegt ihn wie einen Schaltknüppel! Ruby kreischt, jault, versteckt sich unterm Tisch. Ein winselnder Schwanz-Invalide. Not-Tierarzt? Soll ich den Schwanz schienen? Aber Ruby guckt so verschmitzt ...

Der Tierarzt vollbrachte ein Wunder: Das Ringelschwänzchen ist wieder rund, gedrechselt, elastisch und wedelt wie ein Scheibenwischer.

Frauchen schmunzelnd: „Nix gebrochen! Nur die Drüsen (zum Bäume markieren) waren verstopft! Deshalb verkrampft sich der Schwanz ..."

In drei Wochen kommt's Baby! Ruby hat schon mit Nachbar-Babies trainiert. Sie hat keines gekratzt, gebissen, abgeschleckt. Sie hat geschnuppert und zärtlich geguckt. Hunde haben einen eingebauten Schutzinstinkt für Welpen (auch menschliche). Wir brauchen keinen Maulkorb. Nur mein Namens-Vorschlag für unseren Sohn wurde von Frauchen abgelehnt: „Ruby II."

Käfig oder Nest: Ruby hinter Gittern!

Ruby liebt Autos. Es sind fahrende Körbchen. Wenn sie reinspringt, gibt's bald was Neues. Sie ist ein Abenteurer. Nur ab 140 km/h zittert sie in meinen breiten Armen.

Aus, vorbei! Frauchen hat uns getrennt. Ein neues Gitter teilt unsere Herzen: vorne Menschen! Hinten im Kombi unsere süße Bestie. Wie ein Knastologe guckt Ruby durch die Stäbe. Ohne Körperkontakt. Ein Sträfling ohne Streicheleinheit. Zum Jaulen. Aber: Plötzlich verschwinden ihre Batman-Ohren, und sie rollt sich heimelig wie eine Wurst in ihre Wolldecke. Des Rätsels Lösung: Hunde empfinden Gitter auch als schützende Höhle, die geborgen macht.

Sind Hunde Krankheits-Bomben?

Viele Deutsche schieben Hunde ins Tierheim ab, wenn Frauchen ein Baby erwartet (wie unseres). Grund: Sie haben Angst, daß Hunde Kinder krank machen. Was tun? Tips der „Ärztlichen Praxis".

Das Problem: Hunde sind Wirts-Tiere von Würmern. Die Wurmeier gelangen mit dem Kot ins Freie – aber leider oft auch ins Hundefell. Von der Menschenhand gelangen sie zum Mund ...

Die Lösung:

- Auch erwachsene Hunde regelmäßig entwurmen.

- Nach Schmusestunden und grundsätzlich vor Kochen und Essen die Hände waschen!
- Kein rohes Fleisch füttern.
- Der Hund darf seine Würstlein nicht auf Bürgersteigen, Liegewiesen oder Kinderspielplätzen machen.
- Dichtes Fell ist ein prima Versteck für Ungeziefer (zum Beispiel Zecken, Flöhe). Deshalb nach jedem Gassi-Spaziergang das Fell inspizieren. Im Extremfall: Hund in die Badewanne stecken (mit Spezial-Shampoo). Teppiche absaugen, Holzböden schrubben (zwischen den Dielen), Hundedecken waschen.

★ ★ ★

Sollen wir Rubys Liebesbereitschaft mit Hormonen wegspritzen? Der Familienrat beschloß: nein! Denn was Frauchen darf ...

Rubys Träume: Haben Hunde ein Gewissen?

Ruby ist wie Genscher: Sie kann fast überall einschlafen. Ruck, zuck.
Wenn sie jagt, hetzt und apportiert, sinkt sie danach wie eine Wurst ins Körbchen. Die Ohren falten sich nach hinten. Die Lider gleiten wie ein Vorhang nach unten – die Pfoten stehen ab wie bei einem Spanferkel. Plötzlich vibriert das glänzende Fell: Sie träumt! Der Körper zuckt, hüpft, wimmert.
Erklärung: Das winzige Hundehirn, das 20 Prozent des Herzblutes abzweigt, verarbeitet, was Nase, Ohren und die empfindlichen Tasthaare der Pfoten „erlebt" haben.
Rubys Träume sind Düfte ...

★ ★ ★

Ruby bettelt. Ruby frißt. Ruby wird fett. Warum hat sie kein schlechtes Gewissen?
Das Tier-Genie Konrad Lorenz: „Es gibt im Lebensraum des Hundes keinen Konflikt zwischen natürlichen Neigungen und einem ‚Sollen'. Jede innere Regung ist ‚gut'! Diesen paradiesischen Einklang hat der Mensch verloren ..."
Weil Ruby jedem Instinkt folgt (Fressen – Betteln – Spielen – Schlafen), ist sie glücklich.
Wenn ich in ihre glänzenden, großen Kastanienaugen schaue, wünsche ich mir oft: „Ich wollt', ich wär' mein Hund ..."

Darf ein Hund mit zum Stammtisch?

Jein. Weil Frauchen bei der Baby-Gymnastik war, hatten wir zwei frei. Ruby winselte und kratzte an

der Tür, als ich meinen Mantel anzog. Mit oder nicht mit?
Wir liefen wie Kinder, die schulfrei haben, Richtung Bierkneipe „Zwick". Musik, Qualm, Geschnatter. Aber Ruby lag wie eine Prinzessin im Mantel-Nest – verwöhnt mit Wasser und Fleischrestchen. Nur ihre Augen suchten im Dunkeln nach dem Liebsten, was sie kennt: Frauchen!?! Wir warteten Stunden. Ruby beschnupperte jedes langhaarige Wesen. Schließlich kratzte sie an der Tür. Ihr kleines Herz hatte Heimweh. Wir liefen nach Hause. Herrliche klare Luft. Knirschendes Laub. Das Schlüssel-Geräusch im Schloß – und ein einziger Sprung: Ruby hechtete in Frauchens Bettchen. Sie erwachte und ... lächelte.

Gourmet Ruby: Der Eklat im Restaurant

Ruby ist ein Gentleman: saubere Pfoten, ein Fell wie ein Smoking, bellt nie in geschlossenen Räumen und gibt keine Flüssigkeit aus ihren acht Körperlöchern ab ...
Mittagessen in der Hamburger „Brücke": Frikadellen mit Kartoffelsalat, alle Tische besetzt. Ruby folgt dem Instinkt: Sie bettelt und guckt wie Rita Süssmuth. Okay: ein kleiner, geschmuggelter Fleischbrocken unterm Tisch ...
Die Inkubationszeit betrug 5 Minuten: Der Magen blubberte. Wie ein betrunkener Matrose wankte Ruby staksend über den Marmorboden Richtung Ausgang. Aber quälend langsam öffnete sich ihr Schlund wie eine Zugbrücke. Plötzliche Stille im Lokal. Ein Gurgeln, ein Ächzen – platsch! Platsch! Aus ihrem Maul kriecht Masse ...
SOS. Freund Kai wird zuerst schlecht. Frauchen rast in die Küche, ich pack' die Kranke, hechte an die frische Luft. Kellner, Koch und Gäste schmunzeln.

Warum erbricht ein Hund?

Es ist eine geniale „Selbstentgiftung" des Organismus, zum Beispiel bei unverträglichen Substanzen, schlechter Nahrung, leichter Vergiftung oder Schaukeln beim Autofahren.

Warum übergab sich Ruby?

Die Lösung: Sie ist kein Gourmet! Denn in dem Edel-Fleischpfanzerl steckte Ziegenkäse und zuviel Knoblauch für ein bierkastengroßes Lebewesen.

★★★

Weil's friert, trag' ich Rubys Lieblingskleidung: die Daunenjacke. Wenn wir drinnen rasten, igelt sie sich in dem Daunennest ein wie in einem Schlafsack (ist auch ideal als Auto-Körbchen).

★★★

Frauchen erteilte neue Kleidervorschriften, wenn wir zwei zum Stammtisch gehen: „Du ziehst den Anzug aus und Jeans an. Und weil Rubys Fell dann nach Rauch und Bier stinkt, duschst du sie ab ..."

★★★

Frauchen muß bald in die Klinik, weil's Baby kommt. Aber ich muß tagsüber Windeln und Knochen verdienen. Was tun mit Ruby, die jetzt auch noch läufig wird? Ruhe bewahren, Augen zu und durch ...

David Ben ist da! Rubys Herz schlägt schon voller Zärtlichkeit

Es begab sich nach Mitternacht, beim Krimi „Der dünne Mann". Draußen prasselte der Regen am Fenster. Nervosität knisterte. Ruby wurde zum lauernden Panther. Sie schlich wie ein neugieriger Indianerstamm um unsere Bettchen. Ihr Instinkt wußte: Es passiert was, das mein Leben verändern wird (und unseres). Frauchen lächelte und seufzte: „Ich glaube, es ist soweit ..."

Baby-Alarm! SOS-Plan: gepackter Koffer. Überlebensbox für Ruby (Würstel, Plätzchen) und los! Wir blickten uns ein letztes Mal zu dritt an.

★★★

Das Warten dauerte 15 Stunden ... Ruby jaulte. Sie machte Männchen an der Balkontür. Es war wie im Käfig. Ihr Herz suchte Frauchen. Ein fünftes Würstchen lehnte sie ab.

Hunde haben Entbindungsstations-Verbot, weil schon die wimmernden Herrchen stören. Ruby wartete in ihrem Daunen-Nest im Auto vor der Klinik von Prof. Carstensen.

Um 17.17 Uhr schrie Herrchen jr. – 4050 Gramm, 55 cm, Name: David Ben. Der Rest waren Tränen ...

★★★

Ruby spürte das alles. Bei der Hinfahrt saß sie vorn, hatte am Fenster gekratzt. Bei der Wegfahrt sprang sie in den Fond, machte Männchen und starrte durchs Rückfenster hinauf zur Klinik. Als ich sie meine Hände riechen ließ, die David gestreichelt hatten, schleckte sie sanfter als sonst ...

★★★

Die ersten Schreie speicherte ich auf mein Mini-Tonband und spielte es Ruby vor. Andächtig lauschte sie. Sie hob ihre Ohren, neigte ihren Kopf und wollte fast das Tonband schlekken.

★★★

In Rubys Körbchen liegt jetzt ein Spucktuch und eine benetzte Windel von Herrchen jr. Es ist der Geruch, aus dem die Zukunft ist.

Wir haben keine Angst, daß die beiden sich nicht vertragen. Wir vertrauen dem Tier-Guru Prof. Konrad Lorenz: „Feinsinnige, empfindsame Hunde sind zu den Kindern ihres geliebten Herrn reizend, da sie genau wissen, wieviel ihm an den Kindern liegt. Die Besorgnis, der Hund könnte einem Kind was tun, ist geradezu lächerlich ..."

Ruby & Herrchen jr.: Liebe auf das erste Schnüffeln

Zwei Kulturen krachten aufeinander:

- Das Tier Ruby: still, scheu, neugierig und schnüffelnd.
- Das Baby David Ben (12 Tage): stumm, schlafend, lächelnd – und sanft stinkend.

Tatort: Klinik-Parkplatz. Es war wie beim Knastbesuch: Auto-Häftling Ruby machte winselnd Männchen hinterm Trenngitter im Kombi. Ihre Pfoten tasteten sich an den Babykorb. Ihr Schwanz schlug rotierend ans Fenster, ihre Schnauze schnüffelte wie ein Staubsauger.

Der Glücksmoment: Was Ruby roch, war gut! Liebe auf das erste Schnüffeln. Der Hund guckte wie Kolumbus auf den ersten Indianer. In den rehbraunen Augen lag Frieden ...

Ruby hütet Herrchen Juniors Holzwiege wie einen Schatz. Ihre Nase ragt über den Rand wie der Esel von Bethlehem. Aber sie leckt und schleckt nicht. Ihr Mutterschutz-Instinkt spürt: Das menschliche Welpen-Bündel ist hilflos wie ein Riesenknochen. Ruby umzingelt das Baby zärtlich und legt sich wie ein Teppich davor – wachend.

★★★

Nur um Mitternacht erwacht das kleine Monster! Schreie wie aus der Folterkammer zucken in unsere Herzen: „Määääh!!!" Als würde eine ganze Schafherde geschoren. Gleichzeitig fuchteln seine Baby-Hände wie Joe Cocker *unplugged*. Die Familien-Prozession schlafwandelt ins Baby-Zimmer. Als Kontrolleur: Ruby. Zur Belohnung darf sie an der duftenden Windel schnuppern. Denn sie liebt alles, was stinkt ...

Das geheime Ruby-ABC

Was man von dem berühmtesten Hund Deutschlands noch nicht weiß

ANGST. Ruby hat das Herz eines Löwen. Sie kennt keine Angst vor Menschen. Im Gegenteil. Jeder Zweibeiner ist ein Freund. (Fast: Sie lernt zur Zeit Knurren bei schlechten Schwingungen von Miesepetern.) Aber Ruby hat Angst vor – Schulkindern! Sie kuscht, versteckt sich, weicht aus (war ein Kind grausam?). Vor Hunden hat sie null Angst (stand allerdings anfangs unter Welpen-Schutz). Dummerweise kennt sie auch keine Angst vor Autos ...

BELLEN. Ruby ist ein schweigsamer Einzelgänger. Winselt nicht, knurrrt nie, hechelt viel – aber Bellen ist selten. Es gibt drei Ausnahmen. Er-

stens: Wenn ihr Jagd- und Wachhund-Instinkt geweckt wird, zum Beispiel, wenn um 3 Uhr früh im Treppenhaus das Licht angeht – und ein beschwipster Zweibeiner nach oben torkelt. Wupps, ist Ruby aus dem Körbchen, steht vor der Tür – und bellt (ca. 95 Dezibel). Zweitens: Wenn sie im Rudel ihres Hunde-Freundes ist, zum Beispiel im Gestüt des leinenlosen Landrüpels „Flachs" (Schäferhund-Rüde). Da gibt's vier Hunde. Bellt einer, bellen alle. Wie der Donkosakenchor. Und nonstop. Landleben macht bellig. Drittens: Wenn Herrchen heimkommt! Kaum schnurrt der Mercedes-Motor aus, bellt's im 3. Stock! Zärtliches, heiteres Vorfreude-Bellen.

CHARAKTER. Es gibt keine 40 cm auf diesem Planeten, die mehr Charakter haben als Ruby. Sie ist gut, lieb, treu, ehrlich, naiv, lacht viel, ist stubenrein bis zur Selbstaufgabe, zärtlich, anhänglich, liebt ihren Beiß-Bär, ist keusch (noch). Kann keiner Maus was zuleide tun (jagt nur Vögel, zum Beispiel Möwen).

DANKBARKEIT. Rubys Herz reicht von der Hechelzunge (Rechtsträger) bis zum pinseligen Ringelschwanz. Wer ihr einen Knochen schenkt, den vergißt sie NIE. Wer sie streichelt, bleibt ewig Schleck-Freund. Wer ihr eine Spaghetti (bolognese) vom Tisch wirft, dem hält sie Mafia-Treue. Herrchen riß sie schon mal aus ewiger Dankbarkeit die Nase auf – Blutlache im Bett.

ESSEN. Ruby frißt alles – außer Müsli, Flocken, Gemüse etc. Ihr Liebstes (zur Zeit) ist „Pedigree Pal" (aber ein Hundefutter-Hersteller arbeitet schon an einem „Ruby-Spezial"). Ruby mag jede Form von Knochen (zur Zeit Rinderhaut-Kauknochen), mag Schweinsohren, gegrillte Scampi – und alles, was Zipfel hat. Also auch lebendige Knochen wie Herrchens Finger.

FREUNDE. Ruby ist ein Waisenhund. Ein kaltes Herz hat sie ausgesetzt. Ihre Rettung war das Tierheim – bis ein warmes Herz sie rausholte. Deshalb ist Ruby mißtrauisch. Sie ist ein Einzelhund. Sie wirkt skeptisch, wenn sie sich neue Freunde sucht – zum Beispiel im Park. Trotzdem: Sie hat eine Pfotevoll Kumpels. Ihr bester Freund ist „Flachs", ein junger Mischlings-Schäferhund, ein leinenloser Landrüpel, der Schmutz liebt, Pferde und Regen. „Flachs" teilt am Wochenende das Körbchen mit Ruby – sie liegen dann wie zwei Hufeisen ineinander.

Ihr zweitbester Freund ist „Knutschi", ein Teddybären-Torso. Sie hat ihn so lieb, daß sie ihm die Augen ausriß und die Ohren und Beine abbiß. „Knutschi" ist grau, 20 cm hoch, 10 cm dick und hat nur noch ein Schwänzchen zum Rumschleudern. „Knutschi" ist Rubys liebster Wohnungs-Knochen. Die Rest-Freunde:

- „Santo", ein reinrassiger, ausgebildeter Polizei-Schäferhund (3 Jahre).
- „Datschi" (4 Jahre), ein verzogener Jack-Russel-Terrier, der am liebsten auf zwei Pfoten TV guckt.
- „Leica", ein Irish Setter (8 Jahre), der im Keller schläft und nur noch gutmütig ist.

GASSI. Ruby ist problemlos. Sie geht morgens um 9 Uhr Gassi, und abends um 22 Uhr. Zwischendurch hinterläßt sie ihre Markierungen ca. 40mal am Tag.

HALSTUCH. Rubys Markenzeichen ist ein rotes Halstuch, weiß gepunktet. Es ist ursprünglich ein bayerisches Schnupftabak-Tuch. Sie trägt es nur bei offiziellen Anlässen, zum Beispiel auf Festen, zu Weihnachten, bei Kirchenbesuchen etc. Meist lebt sie inkognito ohne Tuch und wird deshalb oft nicht erkannt: „Das kann doch gar nicht die berühmte Ruby aus der Bild-Zeitung sein."

INSTINKT. Ruby ist von Schnauze bis Schwanz ein Bündel an Instinkten. Sie wartet eine Stunde, bevor Herrchen kommt, an der Tür. Sie folgt nur ihrem großen Bauch und Herzen. Sie fühlt, wenn sie verlassen wird. Sie riecht, welcher Mensch sie liebt und wer sie nicht mag. Sie ist ein großer Detektor. Wir verlassen uns auf Rubys Instinkte.

JAGD. Ruby wär' als Jagdhund schon lange in Rente geschickt worden. Sie hat teuflische Angst vor Schüssen, vor Krach, vor Explosionen. Der Horrortag des Jahres ist für sie Silvester. Sie muß als Welpe etwas Krachendes und Schlimmes erlebt haben. Sie ist schreckhaft und ängstlich.

KNOCHEN. Rohes Lieblingsessen ist Ochsenschwanz. Diesen Kuhknorpel-Knochen lutscht sie aus wie Menschen Austern. Es ist ein Festtag für sie. Normale Knochen läßt sie nach einigen Minuten uninteressiert liegen.

LEINE. Ruby ist bewußt leinenlos erzogen worden – von Frauchen. Ihre Begründung: „Ein Hund muß ohne Fesseln leben. Ein Hund muß wie ein Kind an Gefahren herangeführt werden und lernen, mit seiner Freiheit umzugehen." Für Notfälle ha-

ben wir drei Leinen – es sind zweckentfremdete Segeltampen. Ruby geht nachts bei Straßenverkehr an der Leine und tagsüber in der City. Sonst nie.

MIST. Ruby liebt Gestank. Es ist das Parfum der Hunde. Der Lieblingsplatz ist der Misthaufen unseres Nachbarn Bauer Gosch. Er ist so groß wie zwei Lkw. Ein See von Gülle umgibt ihn. Er stinkt herrlich zum Himmel. Ruby nützt jede Gelegenheit, sich in dem Mist zu wälzen wie in einem Seidenlaken. Ruby ist so geschickt, daß sie beim Spazierengehen plötzlich zwischen Bäumen verschwindet und auf einem komplizierten Umweg davonflitzt, bis sie plötzlich beim Misthaufen auftaucht. Schreie nützen nichts. Sie tut, was ihre Natur ist. Danach folgt die Strafe der Sauberkeit: Schaumduschen ...

NACHWUCHS. Die größte Sorge! Ruby ist eine Frau, hat zehn Busen und sollte Mutter werden. Aber: Was tun mit zehn Mini-Rubys? 10 Schicksale! 10 Sorgen! 10 Verantwortungen ...
Wir wollten Ruby sterilisieren lassen. Aber Freunde rieten ab: Sie verändert sich! Sie wird dick! Sie kriegt Baby-Phantomschmerzen!
Wir lassen zur Zeit der Natur ihren Lauf. Ruby war jedes Jahr zweimal läufig. Sie trug ein Höschen mit Windeln. Alle Rüden jagten sie – bis ins Auto am Kreisverkehr. Ich verteidigte ihre Unschuld mit dem Schirm ...
Ich gönne sie keinem dahergelaufenem Park-Rüpel!
Sie ist meine Prinzessin, aber die Nacht wird kommen ...
Als unser Sohn David Ben geboren wurde (vor 2 1/2 Jahren), wurde die Läufigkeit zur hygienischen Last. Wir taten, was wir heute bedauern: Sterilisation!

OSTSEE. Ruby ist in das Meer verknallt. Es liegt 3 Kilometer von unserem Häuschen entfernt. Ruby liebt die schäumende Brandung, das salzige, kalte Wasser (das sie gerne trinkt) und die Hunderte von angeschwemmten Stöckchen. Sie kann stundenlang laufen, fangen – und dann einbuddeln. Sie gräbt mit ihren Baggerpfötchen eimergroße Löcher, um ihre Stöckchen zu verstecken.

PARTIES. Rauschende Feste spalten Rubys Instinkt. Sie haßt Lärm, Menschenaufläufe, den Wald der Beine und die dröhnenden, pulsierenden Baßlautsprecher. Aber sie liebt den Abfall der gütigen Menschen: die Würstchen, die vom Tisch rollen, die halben Snacks, die Küchenreste.

Eine Party ist eine kleine Orgie für Ruby. Außerdem ist sie sehr neugierig. Sie riecht an jedem Menschen, ob er gut ist oder schlecht. Sie erschnüffelt sich Sympathien, und wenn sie das weichste Herz gefunden hat, legt sie sich unter das Opfer und guckt es so lange an, bis die erste Wurst in ihrem Rachen landet.

Q-TIPS. Ruby liebt die kleinen Wattebäuschchen – weil sie so schön kitzeln. Wenn wir erschöpft und müde vom Tag sind, kuscheln wir uns aufs Sofa. Mit Q-Tips werden dann die Augenränder gesäubert, das Öhrchen (aber ganz zärtlich) und die Zähne (manchmal klemmt ein Splitter des Kaminholzes in ihrem Gebiß).

RUDEL. Seit vor 15 000 Jahren der Hund zum ältesten Freund des Menschen wurde, ist die zweibeinige Familie sein Rudel. Der Hund empfindet sich als unterlegenes und abhängiges Wesen. Er akzeptiert das Herrchen als Alpha-Tier und Rudelchef und das Frauchen als Beta-Tier und Muttterersatz. Ruby wird ewig eine Art Welpe bleiben, ein Hundekind, das sich an uns Menschen orientiert. Wir sind ihr Rudel, wir sind ihr Schutz, wir sind ihre Familie. Ein Hund ist treu bis zur letzten Wurst.

SPITZNAMEN. Ruby heißt nur Ruby, wenn wir streng mit ihr sind. Sonst wird sie verbal liebkost: „Mausi", „Rubens", „Rubsy", „Stummmmi", „Schönster Hund der Welt", „Zwerg", „Monster" und „Schnuffel".

TIERARZT. Ruby hat den berühmtesten Pferdearzt Deutschlands als Freund – Dr. Karl Blobel aus Ahrensburg. Er gibt Tips, äußert Weisheiten und lehrt Geduld und Gelassenheit. Ein Hund ist ein Hund und kein Mensch (ach, ja?).
Rubys Landärztin hat eine kleine Waldpraxis. Obwohl Ruby dort sterilisiert wurde, hat sie keine Angst, wenn wir sie dort regelmäßig untersuchen lassen. Hunde muß man wie Kinder ärztlich versorgen – von der Wurmkur bis zur Zecken-Zange. Lieber einmal zuviel zum Tierarzt gehen, als einmal zuviel Sorgen haben. Der Tierarzt kann manchmal teuer kommen, aber Experten raten von einer hohen Versicherung ab.

UNWETTER. Wenn's regnet, hagelt, blitzt, donnert, stürmt oder schneit, verzieht sich Ruby sofort ins Häuschen. Sie haßt Unwetter. Sie ist ängstlich, fast feige. Weil ein Hund beneidenswerterweise nur dem Augenblick lebt, tut sie, was ihr Instinkt ihr rät: Bleib zu Hause, hüpfe

aufs Sofa, laß dich streicheln, folge Herrchen.

VERSTECK. Ruby hat viele Lieblingsverstecke. Im Innersten ist sie ein Fluchttier. Sie weicht Gefahr oder Unangenehmem durch Flucht aus. Sie wählt Orte, die sie vor Menschen schützen. Als Welpe versteckte sie sich hinter dem Vorhang. Heute ist ihr Lieblingsversteck der tiefe Hohlraum unter dem Barockschrank von Opa. Wenn Baby-Herrchen sie mit dem Stock jagt, flieht sie unter den breiten Couchtisch. In der Küche sitzt sie in der Ecke auf der Decke unterm Eßtisch.

WÜRSTCHEN. Ihr Lieblingsfraß sind Leberwurst und Würstchen. Nichts hat sie lieber. Glücklicherweise ist „Opa Wurst" ein großer Metzger. Aber Ruby hat auch eine eingebaute Notbremse. Plötzlich stoppt sie vor dem nächsten Würstchen und verdrückt sich. Ihr Bauch weiß, daß er eine Ernährungsbalance braucht. Aber zur Vegetarierin wird sie nie werden.

X-BEINE. Rubys vier Knie sind etwas nach innen verneigt. Von hinten wirkt ihr Gang wie der von Charlie Chaplin. Aber zum Zusammenkuscheln sind ihre Beinchen ideal. Sie wirkt wie eine große Ringelwurst, wenn sie in ihrem Kuschelkörbchen schläft. Wenn sie jagt und springt wie ein Känguruh, werden ihre Beinchen zu Flügeln. Sie sind so stark, daß sie sogar ein Pferd ziehen können (Krafterbe ihrer Jack-Russel-Vorfahren).

YACHT. Einer von Rubys Lieblingsplätzen ist der Yachthafen von Grömitz an der Ostsee. Dort hat Freund Oskar auch eine wunderschöne Motoryacht. Ruby hat keine Angst, auf den Teakholzplanken zu stehen. Sie liebt es sogar, ihr Schnäuzchen in den salzigen Wind zu halten. Aber die Freude ist begrenzt, wenn Ruby Gassi muß. Eine Yacht ist keine hundegerechte Umgebung, obwohl es viele Yachthunde gibt.

ZAHLEN. Ein Hund ist nicht billig. Wir zahlen 180 Mark Hundesteuer pro Jahr. Am teuersten ist das Hundefutter, ca. 1000 Mark pro Jahr – und der Arzt (aber nur bei ernsten Krankheiten) oder Sterilisation, ca. 600 Mark. Spielzeug braucht Ruby wenig, weil sie die Bären, Hasen und Elefanten von Baby-Herrchen zerzaust. Sie liebt Tennisbälle und Hausschuhe. Halsbänder bekommt sie von Freunden geschenkt. Rubys Körbchen sind kuschelig, waschbar und halten einige Jahre. Eigentlich ist Ruby als menschliches Wesen sehr billig. Keine Kleidung, kein Friseur (einige Haarbürsten) etc. Das teuerste, was wir je für Ruby bestellt haben, war eine wunderschöne Hundehütte – eine originalgetreue Eichennachbildung unseres Reetdach-Häuschens. Aber Ruby geht nicht rein. Sie akzeptiert keine Zweitwohnung. Einen Hund kann man nicht kaufen. Einen Hund kann man nur lieben.